超级面霸

高薪OFFER的面试技巧

Interview Skills
For High Salary Offers

葛晓肖 ◎ 著

化学工业出版社

·北京·

内 容 简 介

为什么简历投递后总是石沉大海？面试时如何展现自己的最佳形象？如何在众多求职者中脱颖而出？面对薪资谈判，怎样提出自己的合理要求？

如果你对这些问题感到困惑，本书将为你提供全面的解答和指导！作者通过自己的亲身经历和专业视角，从真实案例入手，深入探讨了求职者在面试中可能遇到的各种问题，并提供了相应的解决策略。从精准定位职业路径、打磨出色的简历，到塑造鲜明的个人形象、掌握高效的谈判技巧，本书覆盖了求职旅程中的每一个关键步骤。

无论你是初入职场的新人，还是寻求职场进阶的老手，本书都能帮助你在面试中更好地展示自己，赢得理想的工作机会。

图书在版编目（CIP）数据

超级面霸：高薪 OFFER 的面试技巧 / 葛晓肖著 .

北京：化学工业出版社，2025. 1. -- ISBN 978-7-122 -46450-7

Ⅰ . C913.2

中国国家版本馆 CIP 数据核字第 2024FW3451 号

责任编辑：刘 丹　　　　　　　　装帧设计：李 冬
责任校对：田睿涵

出版发行：化学工业出版社 (北京市东城区青年湖南街 13 号　邮政编码 100011)
印　　装：三河市双峰印刷装订有限公司
880mm×1230mm　1/32　印张 7¾　字数 150 千字　2025 年 3 月北京第 1 版第 1 次印刷

购书咨询：010-64518888　　　　　　售后服务：010-64518899
网　　址：http://www.cip.com.cn
凡购买本书，如有缺损质量问题，本社销售中心负责调换。

定　　价：59.00 元　　　　　　　　　　　版权所有　违者必究

前言

　　近期，公司启动了一项重大的新项目，作为项目的总负责人，我当前的首要任务就是确保关键岗位的人才选拔工作万无一失。然而，在招聘过程中，我发现许多求职者都存在不同程度的"求职硬伤"。这种"硬伤"正是当前招聘市场上企业难以招到合适人才而求职者也难以找到理想工作的普遍症结所在。

　　回顾我的职场生涯，从初入职场的小白到如今担任CEO，我几乎经历了所有的职业阶段。在这十多年的时光里，我的面试成功率一直保持在90%以上。过去，我一直将这一成就归结为"幸运"。但最近频繁与面试者接触后，我深刻意识到，个人的工作能力与面试能力并不总是完全正相关。

　　特别是最近面试的一位部门总监职位的求职者，尽管他的能力已经达到了总监级别，但在面试过程中仍暴露出许多问题，甚至包括一些基础性的问题。我原本非常希望他加入我的团队，但深思熟虑之后，我还是决定放弃招聘他。

另一位求职者也给我留下了深刻的印象，他面试的是运营主管的职位。这位外表精干、已过而立之年的小伙子，在部门主管不在场的情况下，由公司 HR 初步筛选后推荐给我。他热情地向我介绍自己的工作经历，但我仅看了一眼简历就发现了重大问题，随后的交谈中又发现了更多问题。对于应届毕业生，我或许还能给予一定的宽容，但对于已有几年职场经验的人来说，这样的表现显然是不合格的。

我直截了当地指出了他简历和面试中的问题，并明确告诉他，他不符合我们的用人要求。没想到，两天后他给我打来电话约我一起吃饭，希望我能指导他关于面试的问题。考虑到他只比我小四岁，却连基础的主管职位都无法通过面试，我内心感到有些惋惜，于是答应为他提供一些建议。

那天下班后，在公司楼下的咖啡店里，我与他深入交谈，从面试着装、简历内容、经验细节等方面，一直分享到职场晋升、工作汇报等话题。他听得非常认真，记了整整三大页纸。

一周后，他再次给我打来电话，告诉我他已经成功应聘上了一家公司的新媒体运营经理职位。这个消息让我深受触动，因为我知道，许多求职者虽然才华横溢，但却在面试环节中折戟沉沙。一旦无法突破面试这一关，他们就无法获得后续的机会，这会对他们的职业发展造成致命的影响。

经过长时间的思考，我决定将自己的职场经历分享给大家。我将分析自己是如何在面试中取得成功的，以及其中蕴含的门道和可以学习的方法。我希望这本书能够帮助那些有真才实学但不懂面试之道的人，让他们能够在面试中脱颖而出。

在撰写这本书的过程中，我始终秉持着内容实用、技巧落地的原则。我不会过多地讲述宽泛的概念，而是会在每个章节中用自己的见闻作为实例，给出具体的解决方案供读者参考。

实际上，掌握了面试的技巧不仅能够在职场上帮助你脱颖而出，在生活中也能给你带来很多启发和支持。希望这本书能够给大家带来一些全新的思考，也真诚地希望每一位求职者都能用最短的时间找到自己最心仪的公司和职位！

著 者

目录

第一章

确定你的职业方向

在一次招聘中，公司陆续收到 500 多份简历，我粗略浏览后发现，超过八成求职者的过往工作经历和所学专业与当前申请的岗位并无直接关联。这一现象引人深思：我们在学校所学的是专业方向，而步入职场后选择的岗位则是职业方向，这两者往往并不重合。因此，求职前的首要任务便是明确你自己的职业方向。

正所谓"定位决定命运"，你未来是憧憬成为插画师、摄影师、主播、电商运营还是客服？这些职业或许与你的专业无直接联系，但它们却与你的未来息息相关。只有确定了职业方向，你才能清晰地知道自己想要进入哪个行业。

▶▶ 找工作的意义是什么

在找工作之前，很多人并没有弄明白一件事：找工作的意义是什么。

大部分人把它理解为"用劳动力换钱"，也有人把它理解为"用时间换钱"。只有少数人深刻认识到，工作不仅是谋生的手段，更是进入社会核心圈层的一种方式。对于他们而言，工作的最终目的是获取更高层次的社会资源和生产资料。

干一份月薪三千的普通工作的人，是做不了月薪三万的活的，因为如果他能做得了月薪三万的活，就不会接受月薪三千的工资。因此，仅依靠工作来进入社会核心圈层确实存在困难，但不可否认的是，工作确实为我们提供了进入核心圈层所必需的资源，这是一条必经之路。

在面试过程中，许多人过分关注工作时间、加班情况、加班费以及工资是否拖欠等细节问题。这主要是因为大多数人出来工作的初衷仅仅是为了薪资。他们从一开始就设定了心理预期：我只是来工作的，不是来拼命的。给多少钱就做多少事，超出的部分绝不涉足。

特别是现在，许多年轻人的家庭条件相对优越，他们在职场上更不愿意"承担过多"。近年来流行的"00后"整顿职场现象，本质上就反映了年轻人在求职态度上的转变。他们更加注重维护自己的权益，这无疑是一件好事。但要想在社会上真正立足，就必须敢于"拼搏"。这种"拼搏"与普通的求职心态截然不同。

普通人的求职心态是：在企业中做多少事，就拿多少钱；或者给多少钱，就做多少事。他们往往缺乏强烈的意志力，对自己的职业规划、未来前景及公司的发展都缺乏清晰的认识。

而能力比较强的人，其主观能动性很强。这类人对自己的定位是一个创造者，而不是执行者。创造者想的是如何解决问题、如何把事情做得更好。他们的工作与生活并没有明显的界限。

许多企业高管的生活就是如此，或者说，能做到这一点的人往往能够成为企业高管。从本质上来说，如果你找工作的最终目的是让自己拥有更好的生活，你就必须勇敢地冲向更好的平台。

因为人只有在趋势的风口上才能更轻松地前行，所以，在求职面试时，我们应尽可能寻找一个能让自己的职业生涯快速上升的企业，而不是在日复一日的重复劳动中消磨时间。

当然，我个人认为工作本身并无高低贵贱之分，无论你怎么选择都是正确的，关键是要有明确的目标。如果你喜欢安稳的生活，那就做好自己的本职工作；如果你渴望闯荡、拼搏，那就不要过分在意工作时间和加班待遇等问题。

回到主题，我们找工作的意义究竟是什么？

我认为是让自己的人生过得舒适、精彩、有意义。至于如何定义"精彩"和"有意义"，则取决于我们每个人的价值观。如果你只是为了糊口，那就去找一份稳定的工作，选择一家资质健全、不用担心劳务纠纷的公司；如果你喜欢交际、喜欢积累人脉资源、想要往更高的层次发展，那就可以选择与一家正在上升的公司共同努力。答案的正确与否、高尚与否并不重要，最重要的是不能没有答案。

说到这里，我想起了自己在家做全职妈妈时的一段经历。

那时我刚生完小孩，每天忙于照顾孩子，几乎没有时间打理自己，总觉得自己非常颓废。有一天，我带孩子路过一座写字楼时，遇到了一对中年男女，他们一看就是社会精英的模样。那位女士三十来岁，穿着职场时装，头发半扎成马尾辫。她单肩挎着包，双手轻微摆动，脚步缓慢而自信。她谈吐优雅、侃侃而谈，一旁的男士则频频微笑点头附和。那位女士的风采深深吸引了我。当她走过我身旁时，她美丽、大方、自信、优雅的模样就像炎炎夏日里的一阵凉风吹进了我的心底。我默默地告诉自己，一定要成为像她那样的女性。

从那天起，我就不再甘于只服务于家庭，也不甘于在普通基层徘徊。我要"拼"到顶层，像那位女士一样风采斐然、令人过目不忘。

正是受她的影响，我再入职场后不到一年时间就从基层岗位一路晋升，从部门主管、部门经理、总监再到执行副总裁，可以说，我实现了职场质的飞跃。很多人在一年内可能还无法完全适应一份工作，而我已经成功跨越了职场阶层。究其原因，就是因为我自始至终都有一个明确的目标。从踏入职场那一刻起，我就一直朝着自己的目标在"拼"。

我一开始的定位是"职场丽人"，所以即使是从基层岗位做起，我也能够在很短的时间内实现职位的跃升。因此，找工作的意义就在于找到自己的人生方向和未来的生活方式。

▶▶ 不必执着于"专业"

大家是否注意到这样一个现象：在招聘网站或招聘 App 上，许多招聘要求并不会对求职者的专业进行限制，尤其是在那些对专业要求不高的行业或职位，比如销售类岗位。

为什么会这样呢？

我们可以先来看一组数据：大学生毕业后从事与自己专业相关工作的比例只有大约 50%。这仅仅是毕业第一年的数据，而毕业超过三年，这一比例还会进一步下降。

实际上，大部分人从事的工作都与他们大学所学的专业没什么关系，这也是为什么招聘要求中很少限制求职者专业匹配度。

有一次，我仔细翻看了 100 多份面试简历，发现来面试的人中，其专业技能与我们招聘岗位最低要求的匹配度不足 10%。也就是说，在这 100 多个人里面最多只有 10 个人的所学专业符合我们的岗位要求。

这个数据其实并不惊人，是在正常的比例范围之内。因为大多数情况下，学校所学的知识更偏重理论，而工作中真正需要的却是实际操作过程中积累的经验。甚至因为某些行业的发展速度过快，比如互联网行业，即使是对应专业的学生，在学校中学到的很多知识也可能是落后的，在实际工作中还需要自己去重新学习。

也有很多大学生在入学前对自己所选的专业了解不够深入，学完之后才发现自己不喜欢或者学得不够好。因此，他们在选择第一份工作时，多半是"赶鸭子上架"，只有在从事过几份不同的工作之后，才会慢慢发现自己的专长或兴趣所在。

因此，如果你的大学专业和你想要从事的工作要求不匹配，也不用太过在意。你只需要专注于当下的这份工作，根据工作内容打磨自己的专业技能即可。

≫ 选择比努力重要

近年来，人们普遍认同这样一句话："选择比努力重要。"毕竟"站在风口上，猪都能飞起来"，谁不想站在风口上呢？

不过，我们还要注意一句话："方向不对，努力白费。"虽然风口存在，但你是否愿意朝这个方向飞，则是一个需要深思熟虑的问题。选择前的考量对未来的发展至关重要。如果发展的方向并非自己所期望的，那么机会再好，也只是"彼之蜜糖，吾之砒霜"。例如，你未来的期望是拥有长期坐班的工作，那么就不应选择摄影摄像、采购等需要经常外出的工作。

拿我自己来说吧，我大学时读的是软件工程专业，这个专业在当时非常热门，前景也很不错，大家普遍认为这个专业学出来以后，随随便便就能成为月薪过万的程序员。

选择技术工种，半生不愁吃喝，听起来确实很好。但毕业后，我却完全放弃了这个专业，选择了新媒体相关的工作，并且一做就是十年之久。

为什么我作出了这样的决定？

因为我了解程序员，也了解自己。程序员的工作不需要太多的外出沟通，而我比较外向、热情、好动且喜欢与人交流，我的性格并不适合程序员的工作方式。也正是因为选择了新媒体相关行业，我善于交流的性格优势才得以发挥。我从最早的微博运营做到微信公众号运营，然后再到新媒体公关、新媒体品牌推广，一步步走向服务B端（企业端）的道路，与包括阿里巴巴、网易云音乐、腾讯视频、联想图像等多个互联网大企业进行了长期频繁的合作。这些经历极大地提升了我的商业敏锐度和个人思维能力，并且让我拥有了更多可以变现的人脉资源。

毫不避讳地说，如果当时我选择了去做一名程序员，我大概率现在还是一名基层程序员或者中途转行。但中途转行远不如早早转行，因为中途转行会耗费大量的精力和时间。我们对很多事的理解和看法是在工作的过程中逐渐体会和发现的。

选择什么样的职业方向，几乎决定了我们一大半的人生之路。

最近，我面试了一名小伙子，他就属于中途转行者。

这位小伙子三十来岁，大学的专业是漫画制作，但他的简历中却有两段与漫画制作完全不相关的工作经历。第一段是做家居建材生意的，主要工作是联络客户，也就是我们常说的市场销售人员；第二段工作经历也与房地产相关，属于租售类型的销售工作。这两段工作经历共维持了五年之久，而现在，他却来我公司面试运营助理的职位。

当我问他为什么当初会选择和大学专业完全不相干的工作时，他回答说："因为毕业后发现漫画行业找工作不容易，而房地产以及相关行业属于朝阳产业，赚钱机会多。"

我又问他为什么要在三十岁的时候选择转行时，他回答说："我觉得房地产行业已经到达顶峰，没有什么发展空间了，所以想转行。看来看去，只有新媒体行业有发展前途，所以就来你们这面试了。"

最终，我没有录用他。

从表面上看，无论是基于大环境还是个人发展情况，他的回答都没有问题，问题是他根本不知道自己的职业方向在哪里。

选择房地产行业，是因为这个行业如日中天，薪酬待遇不错。选择新媒体运营工作，是因为他觉得新媒体行业还有很长一段红利期。也就是说，看似他对趋势和未来的分析很到位，实则大大暴露了自己在职场中的缺陷。

简而言之：他是一个缺乏主见、只追着薪酬待遇跑的人。

作为一名领导者，我更想录用的是有思想和见解的员工，而不是只关注当下薪酬待遇的员工。

很多人会说："我来上班当然就是为了钱啊，没钱跟你谈什么？谈感情吗？感情是最不值钱的东西。"这样说当然没错，但是老板并不想跟你谈钱，老板作为一名领导者，他只想看到员工是否适合公司岗位的工作要求。

这个道理很多人都明白，但在面试时不必说出来。不要说"我就是为了钱，钱多的行业我就干"。也许有人觉得自己说出这些话的时候很酷，但事实上，它更可能会让你错失一次机会。如果你是为了进入这个公司拿到高薪，那就更应该换一种巧妙的方式表达。

那么，应该怎么巧妙表达呢？

再以这位小伙为例。当面试官问他为什么所学专业和求职不符时，不要说自己所学的专业不好，也不要说所求职的行业薪资高。当被问到为什么转行时，不要说是因为之前从事的行业不行了。他可以这么说：

"我选择的专业曾经是我的梦想，但后来发现，我其实更喜欢和人打交道，有很强的服务意识，于是我决定做销售相关行业，这样更能发挥我的优势。"

"我做了几年房地产销售，也取得了一些成绩，积累了不少的销售经验，更懂得客户的心思。"

"现在我选择转行，也是因为我多年的工作经验和接触到的人和事，让我觉得自己现在做运营，能够更好地服务甲方。"

你看，其实所表达的内容并没有发生太大的变化，但却会给面试官留下完全不同的印象。

前一种回答着重强调职业、薪酬待遇、行业趋势等外部因素，而后一种回答方式则展示了自身技能、内心剖析、个人见解等内部因素。这是一场"内驱力"与"外驱力"的考验。

面试时，在回答面试官提出的关于职业方向的问题时，一定要着重强调自身在这方面的优势，尽量避免谈及外部因素。因为面试官想确定的并不是你的行业认知，而是你个人在该职位上有什么优势。如果这个优势是靠外部环境来促进的，那员工价值就大打折扣。所以从自身出发的"内驱力"表达，能够让面试官看到一个更有方向感和自我鞭策能力的求职者形象，这在面试官心中是能大大加分的。

▶▶ 环境、趋势、圈子，缺一不可

一个人选择什么样的就业环境，其实就决定了他未来至少 10 年的收入。相较于个人所学的专业知识与技能，该专业所对应的就业环境、行业趋势以及所能接触到的社交圈子才是更为重要的。

首先我们谈谈环境。它主要包含三个层面：社会环境、行业环境和内部环境。其中，社会环境对一个人的职业生涯有着深远的影响。分析并理解社会环境，洞悉职业的未来发展路径，是每位职场人必经的成长过程。

再来说说趋势，它在个人的择业生涯中同样占据举足轻重的地位。从广义上讲，趋势指的是事物或现象发展的动向，涵盖向上、向下以及平稳等多种趋势，它是对未来发展的预测和推断。而从狭义角度来看，趋势特指价格或指标在特定时间段内的总体走势。

"互联网＋"概念的提出已有十多年，从 PC 时代到移动互联网时代，时代的更迭与变迁正是趋势的体现。趋势又可细分为时代趋势与行业趋势。

若现在有高考生咨询未来专业的选择，恐怕很多人会建议他们考虑互联网新媒体行业，因为该行业前景广阔，而这里的前景正是指时代趋势。

那么，什么是行业趋势呢？

以新媒体行业为例，它可以细分为上百个不同的领域，每个领域都有其独特的行业趋势。比如 SEO（即搜索引擎优化）行业，传统的浏览器 SEO 与新媒体移动互联网、短视频平台上的 SEO 就呈现出截然不同的行业趋势。显然，传统的 SEO 已日渐式微，而短视频平台的 SEO 则正在崭露头角。

因此，若想在这个时代找到一份有前景的好工作，就必须结合时代趋势与行业趋势进行综合分析。

最后，我们来说说圈子。圈子是指因共同的兴趣爱好或特定目的而聚集在一起的群体。比如，"手机发烧友"是手机爱好者的聚集地，"美酒圈"是品酒爱好者的天堂，"奢享荟"则是奢侈品爱好者的交流平台。

在选择行业时，我们不妨思考一下：未来我们希望与哪些人共事和生活？如果你热爱赚钱，那么金融行业或许是个不错的选择，因为你可以与金融精英们并肩作战。如果你热衷于旅行，那么导游行业可能更适合你，因为你的同事和朋友大多来自这个圈子，信息的沟通和传递将会非常便捷。

长期在一个圈子里浸润，与群体建立起紧密的联系，你将逐渐在这个圈子中形成自己的影响力和人脉资源。

在此，我分享一下自己的亲身经历。大学时，我攻读的是软件工程专业，毕业后的工作便是程序开发与代码编写。那时，互联网刚刚兴起，程序员的薪资待遇优厚且备受尊敬，于是父母为我选择了这个专业。

临近大学毕业，互联网电子商务开始崭露头角，淘宝也推出了"双 11 购物狂欢节"。我敏锐地察觉到互联网将成为一个风口，于是自己开设了一家淘宝店。当我拿到毕业证时，我选择回到家乡，加入了一家与建筑相关的500强企业。那时，房价正飞速上涨，所有人都削尖脑袋想进入房地产相关企业，因为无论是外部趋势、行业本身还是整个圈子，都呈现出优质且向上的发展态势，所以我认为当时选择这样的企业是非常明智的。

然而，仅仅过了不到四年，公司便开始转向互联网渠道销售。那时，"互联网＋"理论风靡，几乎所有行业，尤其是传统行业，如果不与互联网沾边，甚至都会被视为是落后行业的代名词。

于是，在2014年，我毅然决然地投身互联网行业，并在此领域深耕了十多年。在这期间，我见证了从微博时代、今日头条等内容分享到品牌种草推广，再到个人IP打造以及私域运营的整个互联网时代的变迁。

为什么我会不断地变换自己的职业，而且行业跨度如此之大？究其原因，便是随着时代的发展，行业在不断变化。如果我们一直固守着自己的大学专业不放，那么可能一个政策的出台，甚至一个新平台的诞生，都会终结我们数年来积累的行业经验。

因此，年轻人在选择新行业或公司时，一定要综合考量环境、趋势、圈子这三个维度，而不能仅仅看重公司的名气、所学专业是否符合岗位要求或薪资待遇等。虽然这些因素看似很重要，但实际上对职业发展并没有太大的影响。我们应该依托于自己所学专业，再结合兴趣爱好以及行业的特点等，去选择一份更长远、更符合时代趋势的职业。

▶▶ 变通渠道：反向背调

说到背调（背景调查），人们往往想到的是新公司对应聘者的背景调查，却鲜有人意识到，应聘者同样可以对公司进行背景调查。

事实上，如果我们没有对目标公司进行全面的背景调查，那么在入职时很可能会遇到各种"坑"。因为我们可能并不了解面试公司的真实情况，对项目细节一无所知，甚至有时候连面试官的话是否只是"画大饼"都难以分辨。

接下来我将从以下几个方面详细阐述员工应该如何对一家心仪的新公司进行背景调查。

（1）查询企业基础信息

我们可以利用企查查、天眼查等网站来查看企业的基本信息，包括：

①公司成立的时间；

②注册的资本金额；

③法人信息（注意查看法人是否是企业最终受益人或企业实控人）；

④企业变更的情况（注意变更是否频繁，以及变更项目是否为核心人员变更）；

⑤企业核心成员是否有被限制高消费的情况；

⑥企业被仲裁次数；

⑦企业融资情况；

⑧企业对外投资情况；

⑨企业购买社保人员数量（有的企业选择不公开此项）。

通过这些基础信息，我们可以大致了解公司的规模、组织架构、近期是否有仲裁事件以及对外投资情况等信息。这些信息将帮助我们判断在这家企业能否长远发展，工资能否按时发放，以及离职时是否可能面临仲裁等问题。

（2）看公司联系方式是企业信息还是个人信息

如果公司给你发送 offer❶ 或接收简历都是通过个人 QQ 邮箱而不是企业邮箱，甚至是直接在微信或 QQ 上发送面试和入职邀约等信息，那可能说明这家公司不那么正规，或者其各项

---

❶ offer 是用人单位发给求职者的录用凭证。

制度和规章等还不完善，很可能属于办公室从业人员较少的小微企业。

（3）利用新媒体渠道获取面试资源

我们可以通过 Boss 直聘、智联招聘等正规的招聘平台来查看发布的职位是否真实有效。例如，在 Boss 直聘上看到的企业信息，我们可以尝试在智联招聘、微信等平台搜索是否同步了招聘信息。

如果通过这些渠道仍然无法确定该企业的情况，我们可以在招聘 App 的交流区发帖询问。如果需要使用搜索引擎进行搜索，一定要注意排在前面的资讯很可能是该企业投放的广告。带有"广告"字样的是硬推广，可以不用点开；而新媒体 UGC（用户创造内容）平台上的软广植入类资讯则需要谨慎分辨。

（4）查询企业的股权结构是否稳定

通过企查查或天眼查等工具，我们可以对企业的法人、大股东或创始人等的信息进行多方面验证。另外，LinkedIn（领英）也是一个非常优质的查询信息真伪的渠道。我们可以在 LinkedIn 查到某些股东或利益相关人员的真实姓名、职业、公司、工龄、个人信息、荣誉背书等详细信息，甚至包括其周边的人际关系和过往的职场经历。

值得注意的是，很多企业的法定代表人和实际控制人或实际受益人可能完全没有关系。实际控制人可能根本没有有效途径可以查到。如果你入职后发现企业的创始人或大股东不是法定代表人，那么这样的企业就需要多加小心了，因为其被仲裁和起诉的频率可能会很高。

（5）了解公司的发展脉络

了解公司的发展历史可以帮助我们提早规划自己的职业发展路径。正在经历融资的企业，尤其是已经融资到 A 轮、B 轮的企业，说明其已经过了天使轮阶段，有一定的资金实力且正在快速扩张中。这类企业更需要大量的人才加入，此时入局会比较容易通过面试并获得很好的晋升机会。

（6）了解企业实际的入职情况

在企查查或天眼查的工商年报中，我们也可以看到企业为多少职工购买了社保，因为这一项通常是公示的。这样我们可以有效判断企业的福利待遇情况以及企业的正规程度。如果这一项是隐藏的，可能说明企业为职员购买社保的数量并不多或者企业实际入职人数远远低于招聘平台上标注的企业人数。

因此，在面试前深入了解企业的组织架构、人员情况、社保缴纳、融资情况、成立时长等信息，可以让我们在谈话中掌握主动权，并在薪资待遇方面的谈判中更加游刃有余。

更重要的是，掌握企业的背景资料会让面试官认为你对待这份工作非常上心和重视，从而提高你的面试成功率。因此，建议大家在面对自己心仪的企业时，一定要花点心思去挖掘企业的内部资料，这会让自己的求职之路更加顺畅。

▶ 找工作就要胆子大

我发现，很多人在找工作的时候会带着学生思维，遇到看似不错的岗位却不敢投简历。特别是当岗位要求工作经验3～5年，而自己仅有2～3年时，往往直接将其排除，认为自己不符合要求。同样，看到要求本科学历以上的岗位，专科生可能会望而却步；见到需要金融行业背景的岗位，而自己只是接触过，并没有从事过这一行业，也会选择放弃投递。

这样的事情真的太多了，如果总是如此筛选，那么符合个人要求的岗位寥寥无几，选择范围也会大大缩小。事实上，许多公司在发布岗位需求时，并未严格限定学历、经验、工龄或背景，但求职者却常常自我设限，被"不配得"感所束缚。这种学生思维的关键问题在于，他们被一种"不配得"的心态所绑架。

拿我自己来说，我们公司发布的几乎所有岗位描述中，都会写明"要求本科及以上学历""有3年以上经验"等条件，但实际上，我们录用的人才中，有很大一部分并不具备本科学历，也没有 3 年以上的工作经验。

其实，找工作这件事，只要你符合企业的基本岗位需求，尤其是目标技能这部分，就应该大胆去投简历。有句话说得好，勇敢的人先享受世界。

如何避免在投简历时产生望而却步的心理？以下几点大家要牢记。

（1）即使是招聘要求高的岗位，也要勇于投递

以前我看到要求高的岗位，心里就会犯嘀咕，觉得自己不适合，不敢去投，担心自己的能力和经验不符合要求，然后就会放弃。其实真的没有必要吓唬自己。

比如，有一份新媒体数据分析的工作，岗位描述非常复杂，要求的技能看起来很专业，大部分人看了都会望而却步。工作内容要求你会"闭环形态分析"，要求"相关行业 3 ～ 5 年工作经验"，还要"能够进行网络危机公关"……然而，真正应聘进去之后你会发现，大部分岗位描述中的要求，在实际工作中可能并不需要。真正的工作内容可能就是写基础文案、在平台发稿。夸张点说，就是"岗位要求你会开飞机，实际上会拧螺丝就可以了"。

当然，这一点主要针对基层岗位，管理岗位则需要有更

全面的思维。如果你想在职场有一席之地，那就需要把每一次机会都当作珍贵的历练，在工作中不断学习和实践，这样才能快速成长。但如果你看到要求高的职位连投递都不敢，那可就一点机会都没有了。

（2）如果相关经验欠缺，那就突击学习

这一点大家必须牢记。很多人在找工作时看到要求是"有经验，并且有成熟的案例"，如果自己的经验不是特别成熟，但又希望得到这份工作，就会很犯难。

其实，最简单的方法就是在面试前进行突击学习。先整理自己在该行业内的所有经验，并梳理成技能表格。对于自己缺失的某些技能和经验，可以先找身边在这个行业工作的朋友进行深入交流，借鉴他们的项目经验，然后再结合自己的行业经历进行梳理。这样，你的整个项目经验就会相对成熟许多。如果还是有些不自信，可以再把行业的优秀案例找出来和自己的经验一一对照。这样，你的行业经验就会在短时间内变得丰富和成熟起来。

其实，所有人都是在工作中用经验不断创新的。过去的个人经验或者行业里成功的经验都是建立在一定的行业发展机遇之上的。所以，如果你的行业经验不够成熟，就需要进行突击学习。将学习到的经验放到实际工作中改进，这样才能让你的经验更有价值。而在此之前，学会勇敢地陈述自己的行业经

验，才能给面试官留下正面、积极的印象。

（3）接到面试邀约时，不要着急、恐惧

很多人接到面试邀请时，一边兴奋一边恐惧。为什么会恐惧焦虑呢？因为担心自己去了没有办法胜任新工作。比如会想：面试官质疑我的项目经验怎么办？万一面试失败了怎么办？其实，等你真正去面试的时候你就会发现，决定你面试能否成功的因素非常多。实际情况和我们想象的往往有很大出入。面试本身就有太多不能掌控的因素，我们不需要想太多，这样只会让自己陷入焦虑。我们应该提前做好准备，优化自己的简历和话术，并且每次面试前都要告诉自己，最坏的结果就是没有 offer，但是经过这次面试又得到了一些经验，没有什么值得担心的。当你用非常积极的心态去面对这件事情的时候，焦虑和恐惧就会消失无踪了。

（4）一定要主动争取面试机会

一般情况下，第一次面试完成之后，在 HR 还没有直接向我们发来 offer 的时候，可以主动追问 HR，比如接下来的流程是什么，大概什么时候可以进行复试等。如果 HR 含糊其词，那就不需要继续往下追问了，这场面试大概率是没有结果的。

我大学毕业后接到了凤凰网的面试邀约，第一场面试结

束以后，HR 让我回去等消息，我就主动追问他复试会安排到什么时候。HR 迟疑了几秒后告诉我是明天。然后我就这样获得了复试的机会，复试的时候是和部门主管谈的，我很轻松就收获了他的信赖，最后拥有了入职的机会。

其实我看得出来，初试时 HR 对我的专业技能是否合格还处在一个判断阶段，但是经过我的追问，他还是决定给我一次机会。而我又抓住机会通过复试向主管展示了我的专业技能和优秀的工作经验。仔细想想，如果没有第一次的勇敢追问，可能就没有后续了。

所以，找工作其实是一个拼耐力的过程，在这个过程中，有非常多自己不能掌控的事情，我们要做的就是努力让自己能够掌控的事情更顺利。比如，写什么样的简历，去哪里投递简历，优化自己的面试话术，在心态上不胆怯、不放弃，勇于追问等。这样你就可以跑赢 70% 以上的人了。

第二章

简历好"看"，offer 不断

求职找工作，出彩的简历绝对是排在第一位的。

如果简历做得好，薪酬多加 2000 元也并非不可能。反过来说，即便你有很好的工作能力和经验，简历写得不好，也可能在第一步就被刷下来。

因此，一份出彩的简历是求职面试的第一步。

▶▶ 聚焦中心点：要什么，写什么

某次，我面试了一位求职者，他的简历给我的感觉整体还算可以，比较符合我们的用人需求。然而，在与他交谈的过程中，我发现了一个致命的问题：他的回答始终缺乏一个明确的中心点。

他的整体条件还是相当不错的，但总让人觉得差点儿什么，却又难以明确指出究竟差在哪里。其实，我遇到过很多这样的求职者，六七成的人在面试时都是这样的情况。

最终，他也没有拿到 offer。无论是专业技能还是面试技巧，能够拿到 offer 的人，一定是那些能够围绕一个中心思想准确表达出自己内心答案的人。

其实，面试的中心思想只有一个，那就是在非常有限的时间里，告诉对方你有多么适合这份工作。下面我们来详细探讨一下。

首先，你的简历上与这个中心思想无关的所有信息，尽量不写或者少写。面试的时候也是一样，只讲相关信息，无关信息少讲或不讲。因为过分的冗余反而会使你的优势不那么突出。

不过，这也要根据具体情况灵活变通，因为不同的岗位，其中心思想是不一样的。

前几年，我给公司招过一个销售，这个岗位要求经常出省市开会以及开发新客户，因此要求抗压能力比较强。我面试了一个小伙子，他在讲述自己的职业情况时说道："我喜欢出差，喜欢旅行，而且单身，平时爱好健身，体力很好，喜欢交朋友，性格外向。"

这些信息看似都是个人问题，和求职没有什么直接关系，但其实他回答的每一条都和招聘需求相关。因为销售需要出差、开会，所以就需要一个喜欢外出、身体健康且没有家庭牵绊的年轻人。很显然，他说的每一条都符合这些要求。

最终，我们给他发放了 offer。

这就是我所说的，简历上短短一页纸的版面，也需要突出重点的原因。如果你有很多的荣誉或者优秀的闪光点，但是却和本次求职岗位无关，我都建议你不要写。随时告诫自己：聚焦中心点才有用。

≫ 空窗期简历这样写

如果你因个人原因，不得已出现了职场空窗期，那么在写简历的时候，可能会对如何处理这段空窗期感到犯难。其实，写好空窗期的简历并不难，只要注意以下几点就不容易出错。

（1）不要故意延长前一份工作的离职时间

很多人会选择把前一份工作的工作时间延长，以覆盖掉空窗期。比如你是3月份离职的，但找新工作时已经8月份了，于是你把上一份工作的离职时间写到了8月份。其实，将这5个月时间空着不写也是没有关系的。但如果你写了，公司一旦启动背景调查，这一关肯定是过不去的。公司会认为这是人品问题，特别是大公司、外企，一旦发现你的简历造假，就会直接将你拉入黑名单，轻则一年内不得再次录用，重则永久不会录用，甚至相关上下游企业都会将你拉入黑名单。

（2）多写贴合岗位要求的经验技能描述

在写简历之前，仔细拆分招聘的岗位描述，重新梳理自己的工作经验，找出要求的技能点，并一一对应地写在简历上。你可以适当轻描淡写地处理空窗期，而对整个岗位的招聘需求所对应的个人技能点进行着重描述，使面试官的目光停留在你的闪光点上。

（3）教育与工作经历采用倒叙写法

一定要以倒叙的方式来写教育经历和工作经历，把最近的事情放在前面，远的事情放在后面。很多经验丰富的职场人，两三张纸都写不完他的工作经历，所以最近、最新的经历要着重写，远一些或者与当前职业不相干的可以不写。对面试官来说，以往过于久远的工作经历并不是很重要，那么空窗期这件事也就会被淡化。

（4）突出工作经历和项目经历

除了工作经历与项目经历以外，其他版块尽可能弱化，让面试官不知不觉地把精力放在你的项目经验上。

（5）将工作成果数据化

工作成果用数据呈现，如成本节约25%、效率提升34%、时间缩短21%、用户满意度提升56%等。数据化的描述可以增加可信度以及可视化，能一下抓住面试官的眼球，让面试官的聚焦点落在你优异的成绩上，那么空窗期也就不是那么重要了。

（6）简历控制在一张纸内

如果简历超过两页，大部分面试官都会直接将其剔除，连一些行业大佬的简历都只有一页。所以，尽可能简化并突出重点是写简历的重要指标，要言简意赅。当然，职场老手的经验可能一页纸根本写不完，这里就有必要把与当前行业不相干的经历、经验通通砍掉，那么空窗期就不容易在简历中体现了。

只要注意了以上六点，一份完整的简历就写好了。

除此之外，我们还需要在面试的时候巧妙地回答，才能够避免不必要的问题出现，那么具体应该怎么和简历对应起来呢？

首先，工作空窗期肯定是由各种各样的原因导致的，如果是去学习提升自己的工作能力的，那么这个经历适合本身有这个技能或岗位要求的人。如果你待业期间并没有从事任何工作，且待业时间在一年以内，面试时你要着重强调待业期间的所见所闻对当前这份工作的帮助。面试的话术可以这样表达：

"从上一份工作离职后，我并没有着急找工作，而是想通过这段时间调整一下自己的职业规划。通过对新媒体行业的研究及岗位的发展情况的考察，我觉得自己在数据分析方面的能力还需要提升，所以待业期间，我学习了数据分析和流量投放策略等知识，目前基本的数据测算和分类整理我都已经熟练掌握，可以很好地运用到工作中。"

听到这样的回答，HR 可能会非常满意，因为这些待业期间的学习经历可以被应用到下一份工作中。

如果你在空窗期做了自媒体，又不好意思说，怕对方觉得做自媒体的人来上班会不太稳定，因为一般企业都怕员工的副业会对主业造成影响，那么你可以这样说：

"在这段时间，我个人从 0 到 1 搭建了一个抖音账号和抖音店铺，负责店铺的选品、日常上新、图片拍摄、文案撰写、数据分析以及客户维护等工作，而且按月度进行了市场调研，了解分析行业动态，进行竞品的分析，收集市场趋势等。通过这段时间对账号曝光度、浏览量、用户消费决策转化率等关键指标数据的分析，我对商品详情页进行了优化和调整，并且缩短了用户消费决策的链路，在这个过程中，我觉得自己已经拥有了独立运营账号的能力。其实我还是很感谢这段空窗期的，因为在这期间我不仅学会了选品、拍摄、上新及运营，而且锻炼了我的全方位技能。现在我对于客户管理、物流管理、数据分析等各个领域都非常熟悉，如果能够入职咱们公司的话，我应该能快速上手，并且能够快速实现盈利。"

相信听到你的描述，面试官一定会非常满意，恨不得你马上来上班。这样以一当十的优秀员工能来，老板肯定"赚翻"了，谁还会在乎你是不是随时可能跑路的自媒体人呢？

当然，如果被问到为什么不继续做自媒体时，你可以回答喜欢办公室的氛围或者学做自媒体也是为做好这份工作打基础。

总之，你的回答一定要围绕一个主题，那就是无论你在空窗期做什么，只要你入职了，你接下来都会很稳定、很专注地投入到当下这份工作中。

有段时间，年轻人间很流行摆地摊，很多人在待业期间都会去摆摊。这个经历很适合链接到销售、运营、采购和市场管理、电商等岗位。如果你不想再摆摊了，准备重新找这些岗位的工作，那我们该怎么把摆摊写得"高大上"呢？面对HR，你可以这样表述：

"首先，摆地摊这件事和创立一家企业其实没有太大区别。前端的选品上，我需要对市场有一定了解，并进行深入调查，最终选择了性价比更高的供应商，把产品的利润提高。而摆摊选址方面，我选择了人流量相对比较密集的地铁口和公交站口等地方，并且根据节假日和天气情况等因素灵活调整出摊时间和产品。我摆摊的前3个月就已经积累了至少400位客户的私人联系方式，并有效留存在我的私域，之后经过不断和客户接触，我对售后和客服岗位的工作内容也有了深刻的认知，我的客户私域复购率也达到了36.7%，远超其他同行，我认为这是一个相当不错的成绩。通过这个经历，我不仅积累了宝贵的工作经验和技能，还提高了自己的管理能力和沟通能力。我相信，这些能力都能给我今后的工作带来很大的帮助。如果能够来贵司和大家共事的话，我可以从销售、运营、市场以及客户管理等角度全方位把控项目。"

表述完这些后，你在面试官心里的印象肯定已经非常不错了，相信面试官一定不会拒绝一个拥有多方面技能的人才。

如果空窗期你是去创业开公司了，虽然和摆摊一样都属于创业，但在描述的过程中却要注意分寸。因为对大部分企业来说，对有过创业经历的人的接受度是非常低的，因为创业就代表你有一定的自主性与不稳定性。

很多时候，创业者会把企业当作跳板或者暂时的容身之地，只要找到机会，就会随时离开。企业对创业者是有一定防备心态的，所以这个时候在简历的写法上就一定要格外注意，比如需要描述你在前公司的工作内容，你可以从以下三点来写。

①选品管理：负责产品的定位和选品，对销售额和毛利率负责，3个月内实现用户商品详情页访问量同比增长20%，将毛利率从30%提升到50%。

②人员管理：牵头设计了一套运营人员 SOP❶ 体系，实现了所有岗位的定岗定责标准化和流程化，同时制定了客户反馈体系与员工激励体系，降本25%，增效57%。

---

❶ SOP，指标准作业程序，即 Standard Operating Procedure 的首字母缩写。

③客户满意度：从开始的 59% 提升到 88%，社群运营宣传活动期间，持宣传单消费占比达 20%，新增客户入驻量突破 1500 人，助力整体销售额目标提前达成。

这样的简历，谁还能看得出来你是一名创业者，只能从中看到你优秀的项目把控能力。

在面试的时候，不用着重说自己创业的经历，只需要如实描述自己的工作内容和技能情况即可。比如可以这样讲：

"在空窗期这段时间，我在一个小型互联网公司牵头做项目，等同于企业合伙人，负责整个公司的运营，在此期间，对该领域有了深刻的了解，在方案策划以及 KA❶客户洽谈方面已经十分擅长，积累了一定量的客户资源。离开是因为项目本身的发展受限。"

如果面试官已经察觉你是一名创业者，也不用太紧张。在被问到后续的工作中是不是还有可能会再次创业时，一定要回答"3 ～ 5 年内不会再次创业"。不能说"完全不会"，也不能说"会"。因为"完全不会"就代表了向上竞争的那股子劲儿消失了，而且也有说谎的嫌疑；"会"就代表你很不稳定。所以，这时候说"3 ～ 5 年内不会"是最为稳妥的方法。因为这代表了至少 3 年时间内，你会在这家企业稳定干下去，而一

---

❶　KA，Key Account 的首字母缩写，直译为"关键客户"，文中意为"重点客户""大客户"。

般企业员工的稳定率能达到 3～5 年已经是相当高的了。相信
每个面试官在听到这样的回答时都会选择录取一个有能力也愿
意留下的优质人才。

>> 放大优势，It's show time!

面试时，面试官经常会问的一个问题就是："你能描述一
下你有什么优点吗？"这个问题其实很难回答，把自己抬得高
了，怕对方说你心性高；说得普通了，又觉得会影响面试的结
果。那么，究竟该如何描述自己的优势呢？

（1）自我介绍要落到实处

如果面试官问你有哪些优势，你千万别说"我愿意学习，
有很好的学习能力、沟通能力，而且热爱生活，很乐观、积
极"。这些虽然都是褒义词，也是很好的个人品质，但是对于
面试官来说，这些都是完全主观性的描述。95% 以上的面试
官已经听腻了诸如此类的词汇，对他们来说，这种描述毫无吸
引力，而且显得你很没有重点。

那正确的优势描述应该是怎样的呢？你可以这样回答：

"我个人拥有可落地的沟通能力，比如我曾经独立负责 A

级促销项目，推进产品市场研发、内容运营等多项工作，并实现了各部门沟通工作的最终推动，项目也顺利上线，产品的投入产出比达到了 1∶3，业绩增长了 30% 以上，客户回购率也增长了 31%。"

这些具体的项目内容及数据性描述，就能很好地展示你的沟通能力以及学习能力。相比于假大空地说自己有很强的学习能力和沟通能力，以非常具体的项目内容和数据为依据，才具有可信性。

（2）清晰描述项目经历

我曾经遇到过一个面试者，职业经历非常丰富，还有世界 500 强的实习经历，他的简历几乎挑不出什么毛病。但当我问到他对负责过的项目是如何设计目标、最终实现多少转化时，他却支支吾吾，答非所问。这时我才发现，他说他负责这个项目，但实际上并没有全盘参与，只是负责了其中一个很小的环节，对整个项目的内容和运作模式并不清楚，但在简历上却写着自己拥有整个项目的实操经验。最后的结果，当然是未录用。

那么，如何才能描述清楚项目内容呢？我一般会用以下几个方法来总结整个项目的经验。

①详述"Who、How、What"，意思就是，谁通过什么方式做成了什么事。如果能把整个项目的实操过程搞清楚，那么

在面试过程中就能行云流水地描述清楚自己的工作岗位和具体的工作内容，这样更容易获得面试官的信任。

②追问"为什么"。要阐述清楚这个项目为什么诞生，这会使你明白这个项目的最终目的和变现渠道。当你清楚这些事项，你对整个项目的运作流程也会更加清晰，在面试时就能阐述得很清楚。

③要有细致的观察能力。对于一个项目做得好或者不好，要能说出个所以然来：哪里好，为什么好；哪里不好，为什么不好。这些能说得出来、说得清楚，就说明你有很好的观察能力。与其干巴巴地说自己有某种能力，不如直接用项目过程和数据来呈现这些能力。

④要有全面的复盘能力。除了能发现项目做得好或者不好的地方，还要能想到改进的方法。这就说明你有很好的复盘能力。如果你能准确概括出自己从项目中学到的东西，那么面试官就能够看到你对整个项目的把控，而非将你视作项目中的一颗螺丝钉。他会明白，你的确参与了整个项目并且学到了精髓。这样，你就能够轻松得到面试官的信任，而不会被质疑简历造假。

（3）深度思考后再回答问题

面试快要结束的时候，面试官经常会问："你还有什么问题吗？"

其实，在面试的最后几分钟，面试官问出这个问题，想听的根本不是一些动动手就能查到的问题，而是给你一次展示自我的机会。

正确的回答应该是，以求教的心态先提出你对这个行业或者所求职的公司所面临的某个问题的看法，然后再问面试官的观点。比如，你面试的公司是做母婴产品的，你可以这样说：

"最近这几年，消费者对母婴产品的狂热度大大降低，而且随着新生婴儿的数量呈断崖式下降，母婴行业也受到了巨大冲击，包括我自己都在尽量减少对孩子的支出。所以我想请教您，您对这种消费趋势是如何解读的？这种趋势对公司业绩的影响主要体现在电商还是线下？这样的趋势，算是消费降级吗？"

这个问题能说明你主动关注着大趋势对行业的影响，并且深刻探究过公司产业未来的发展方向，同时也能说明你拥有非常好的自主学习能力。

这就是你的优势所在，可能不是一句话就能描述清楚，但只要你的简历撰写和面试表现都能够围绕一个中心点去展开，并尽可能放大它，那么你获得面试官青睐的机会就会大大增加。

》》什么都会，等于什么都不会

很多人写简历，恨不得把自己所有的技能都写上去，但其实什么都会往往意味着什么都不专不精。对于面试官来说，求职者有一项出彩的能力反而更能吸引他。

通过简历，面试官会对你的个人水平有一个相对客观的认知。因此，简历写得好，会让面试官对你刮目相看。

我个人在写简历时始终遵循一个原则：少即是多。

"少"意味着你所列出的技能必须与当前应聘的岗位紧密相关。一个岗位所需的技能并不会特别多，尤其是技能型岗位，面试更看重的是专业性。因此，在撰写简历时，应有针对性地突出自己所具备的相关技能。

"多"意味着当你的技能与岗位需求高度匹配时，你面试成功的可能性就会大大增加。

给大家讲一个案例。由于项目发展需要，我们公司曾有一段时间急需招聘一名新媒体运营人员。我们对这个岗位的要求是深入了解短视频的运营逻辑，并具备独立撰写短视频脚本的能力。确切地说，这个岗位侧重于短视频脚本制作和数据分析。

这已经算是一个要求相对宽泛的岗位了。

我收到了一份还算优秀的简历，可是他的简历足足有三页之多，上面罗列的技能包括：账号从 0 到 1 的搭建、封面设计、短视频策划、脚本创作、拍摄、剪辑、后期配音、发布、数据分析、市场调研、人员招聘、培训、管理、业绩制定等。多到让人眼花缭乱的技能，竟让我一时之间难以判断他的专长。

在面试时，我问他在这么多技能中最擅长哪一项，他回答说其实都挺擅长的，因为每一项都是他自己实际操作过的。

他可能认为一个全面的复合型人才更具竞争力，但实际上，企业更需要的是在某个特定岗位上拥有突出技能的人才。

什么都会等于什么都不会，因为你可能什么都不够专精。

无论是基础岗位还是管理岗位，都需要突出岗位所需的人才技能。基础岗位通常要求你在某一方面拥有过人的技能，而管理岗位对技能方面的要求相对较低，更多的是需要你在人才管理和工作分配方面具备一定的特长。

因此，在面试时，首先要明确自己的定位和处境，然后根据招聘需求来优化简历。切记不要一份简历走天下，一定要有针对性地给企业投递简历。这样才能充分理解岗位的需求，提高你的求职成功率。

▶▶ 个人优势 > 工作经历

在最近几个月收到的上千份简历中，我发现了一个非常严峻的问题：90%以上的人完全没有在简历中提及自己的"个人优势"。

大部分人的简历结构是这样的：上半部分主要是基础信息，紧接着是工作经历，写的还全是自己在过往公司里做过的事情以及取得的成绩和结果。这部分至少占了三分之二的版面，其他少量的版面写获奖经历和教育经历等，根本没有任何一部分留给"个人优势"。

个人优势应该怎么写，才能让面试官看一眼就想留下你呢？

首先，个人优势部分不能超过十行。

其次，每一个优势都是一个闪光点，而这些闪光点中，前三行一定是完全针对该职位的，后面的都是加分项。

在这里，我给大家分享一下我轻松拿下运营总监和执行副总裁职位的一份简历。简历中，我将个人优势放在最上面的位置，文字量适中。个人优势在这一部分其实就占据了黄金位置，凡是拿到简历的人，第一眼就会看到。

在我的个人优势栏，我是这样写的：

第一条：8 年以上新媒体经验，熟知各新媒体平台运营规则，深耕内容营销、品牌推广等。有各平台达人资源，京东内容平台人气达人全国榜第二名。

第二条：文案输出能力，已出版经管类图书《成功绝非偶然：老干妈的创业史与成功哲学》，策划并主编《读者文摘精华原创版》等。

第三条：500 强营销、管理从业经验。

第四条：擅长企业及团队从 0 到 1 搭建。

第五条：社群、微信生态等私域流量运营能力。

第六条：抖音外卖区域代理商操盘手，熟悉团购、外卖等全流程细节与运营。

第七条：与阿里巴巴、网易云音乐、南方航空等舆情公关长期合作。

我们来逐一解析。

第一条拆解：

8 年以上新媒体经验——对于新媒体行业来说，"8 年以上"精准表达了经验非常丰富。如果你只是写"新媒体经验丰富"，那就完全无法引起面试官的注意，因为他没有看到任何量化的东西。

熟知各新媒体平台运营规则——这里没有明确写新媒体

平台是抖音、小红书还是其他平台，因为我求职的岗位比较偏向职业经理人，对特别具体的平台不会做限制，所以我写的是"各媒体平台"，让面试官觉得我涉猎非常广泛。

深耕内容营销、品牌推广等——这里面很重要的一个点是，营销里我选取了"内容营销"，说明我有很强的内容力，而互联网时代，有内容力就说明你有变现力。"品牌推广"其实和内容营销是相辅相成的，说明我有品牌策划和推广的经验，同时又懂内容，也就是说我可以从内容方面去策划品牌的推广，这属于品牌推广中最有难度的一类，也是最有挑战性的一部分。

有各平台达人资源——说明我对手里的资源有一定的掌握。对很多新媒体行业来说，有达人资源是非常重要的加分项。

京东内容平台人气达人全国榜单第二名——说明了我在内容力和变现力方面的具体表现和最高水平，能够在全国榜单做到第二，说明我有绝对实力。

我们来整体分析一下，第一条基本上囊括了这个岗位所需要的所有技能，但是我并没有把它分开来写，而是一口气写完。因为对于 HR 来说，他需要在极短的时间内知道你所有能够满足该岗位的优势，所以第一条就要足够吸引人，而且必须从行业和专业的角度出发。第一条基本上占用了 HR 80% 的注意力。

第二条拆解：

文案输出能力——我出版过图书，这个项目是绝对的加分项，因为对于普通的求职者来说，几乎不会有这种经历，甚至连很多企业的老板自己都没有出过书。所以，从潜意识里面试官会比较佩服出过书的人。而拥有出书经历的人，他的文案能力、资源、人脉、关系等都不是普通人所能比的。这一项对应聘管理岗来说就是绝对的加分项。

第三条拆解：

500强营销、管理从业经验——这一条也是加分项，它提炼和总结了我之前的工作经历。它和第四行其实是相互呼应的，第四行是中小企业所需要的，这一条是中大型企业所需要的。这条优势无论放在什么规模的企业里都能够完美应用，避免了很多尴尬的场景。

第四条拆解：

擅长企业及团队从0到1搭建——这一条很有意思，很多小型公司都需要从0到1建设团队以及打造产品，有经验的人来做部门的主管或整个企业的操盘手，是他们这类公司最强烈的需求。所以，企业及团队从0到1搭建的经验也从侧面说明了我是从基层做起来的。

在企业中拥有从基层岗做到管理岗的经验，是非常重要的。因为几乎所有企业都愿意聘用能够全链路掌握团队及产品打造的优质人才。

第五条拆解：

社群、微信生态等私域流量运营能力——这一条其实是把第一条拆解了，因为对很多新媒体行业来说，社群、微信私域运营等都可以拆分成特别细小的岗位，而这些行业又相对来说比较新兴，所需的人才数量也比较少。

因此，如果懂社群，又懂微信营销的人来做管理岗，那么对基层员工会有很好的培训和指导意义，是绝对的加分项。

第六条拆解：

抖音外卖区域代理商操盘手——对于很多企业主来说，他需要做营销，需要做市场推广，同时又需要品牌建设。这是一条龙服务，整个前端都需要这样的人才。那么，如果管理岗既懂品牌建设，又会营销，懂市场，对他们来说是绝佳的人才。抖音外卖操盘手就是新媒体背景下，具备从品牌到市场全链路操盘能力的人才，如果是本地生活型企业，那就是 100% 匹配。

第七条拆解：

与阿里巴巴、网易云音乐、南方航空等舆情公关长期合作——这一条说明我合作的都是大品牌，而且是舆情公关，说明我有自己的个人品牌，且在大平台上有一定的资源。

整体看下来，我的个人优势部分的介绍，不仅有总有分，还有加分项，看起来比较丰富，也符合一个优秀管理岗的要求，尤其是新媒体行业。

那么，普通人没有这么多闪闪发光的经历和经验可写，又该怎么办呢？

我再举个例子，有一个比我小两个月的女同事小溪，在共事的那段时间里，她的薪资还不到我的1/5。有一段时间，在得知另一个00后新人比她薪水还高的时候，她准备跳槽了，但很焦虑。有一天她跟我吐槽说，面了几个公司都石沉大海了，她觉得人生很没有希望，34岁了，连一个基层岗都面不到，现在的公司宁愿招新人也不愿意给她加薪。她不知道该怎么办。

随后，她给我看了她面试用的简历。果然，个人优势这一栏是没有的，而且整份简历写得非常简单。她本身是一个美工设计师，做着平面设计工作，后来因为公司平面设计方面的工作量减少，而同时短视频运营人员短缺，便暂时将她调岗至运营专员岗位，主要负责公司抖音账号的发布和数据收集等工作。她借着这个机会接触过一段时间的抖音短视频，虽然比较初级，但也基本了解了常见的短视频发布方法以及拍摄技巧、文案要求等。她说非常希望以后能够进入新媒体行业，不愿意再做平面设计师了。

我告诉她这样的简历肯定会石沉大海。首先是简历中没有任何个人的优势和亮点；其次，工作经历写得太过简单，求职意向也写得不是很清楚。另外，她的年纪说明她在职场上也算有一定的沉淀了，但在这种情况下，她写的简历却让人看不出任何沉淀。

在我强烈建议她必须先写个人优势后，她重新写了简历发给我看，她是这样写的：做过3年的平面设计，后因公司需求转岗至新媒体岗位，懂基础运营。

就这样寥寥数语，而且直接写出了真实的转岗原因，这其实犯了一个大忌。因为HR并不想知道你什么原因转岗，或者说根本没必要让HR知道你是转岗的运营，HR会觉得你因公司需求转岗，说明你是一个没有原则的人，你连自己未来要做什么都不清楚，公司让你转岗，你就转岗了，没有自己的定力。后来经过我的改动，给她的简历加上了个人优势，改动如下。

①有3年以上新媒体运营参与经验，尤其擅长抖音短视频运营。

②熟知公众号、小红书等新媒体平台运营策略。

③有一定文案输出能力，短视频脚本撰写超过100条。

④有较强审美能力，能独立制作短视频封面、宣传图稿、

手册等平面设计。

⑤善于沟通与跨部门协作。

当我把这份个人优势发给她看时，她非常惊讶，同时也表达了自己的担忧，她说："我其实正式做新媒体工作就只有半年时间，为什么写成3年了呢？"

我的回答是："首先，你之前做的虽然是平面设计，但你的设计是为新媒体推广服务的，算是新媒体的一部分，而且公司抖音运营需要演员出镜，你经常作为出镜人参与，对账号以及视频内容也比较了解。其次，你和新媒体员工同在一个办公室超过3年时间，他们每天做什么你是耳濡目染的，相关的运营逻辑和操作方式你也很清楚，最重要的是，未来你要把新媒体运营作为你的主要工作岗位，所以这个时候就要把它作为重点放在简历优势的第一位，至于你的文案和设计能力，让它们稍微靠后些，这个时候平面设计能力反而变成了你的加分项，而且是很突出的加分项。其他的关于公众号、小红书的平台策略以及文案输出能力、善于沟通协作等，这些都是加分项。对于普通人来说，有一两个亮点已经足够。而这份简历中的两个亮点，让你在面试一个基础岗的时候绰绰有余。"

她半信半疑地拿着这份简历去找工作，不到三天的时间，她就告诉我，自己不但轻松被录用了，而且薪资涨了1500元，非要给我发个大红包不可。

其实这个案例很有参考性，对于普通人来说，我们怎么才能把自己的简历打造得有亮点呢？办法就是从个人优势入手。个人优势不用介绍太多项目上的成就，比如赚了多少钱、带了多少团队等，只需要说你个人在经验和能力上有什么过人之处，特别是针对应聘岗位而言的优势。

因此，适当放大个人优势是有必要的，但这需要建立在有实际经验的基础上。以小溪为例，她在新媒体运营部门深耕了三年，其间一直从事运营相关的设计和辅助工作，因此对运营工作的流程、步骤以及各种玩法都了如指掌。因此，她在简历中写自己拥有三年新媒体运营工作经验，是完全有依据且合理的。

普通人可以借鉴这一思路来评估自己的工作经验，并在简历中清晰地阐述自己所能做的事情与应聘岗位的契合度，从而凸显个人优势。

▶ 简历不可超过一页纸

最近面试，我发现很多人的简历都写得很长，大部分人都超过了一页纸，有些甚至三四页都写得满满当当，还附带了获奖证书之类的资料，还有人把它装订成册，做得非常精美。

事实上，无论是 HR 还是公司的面试负责人，都对花里胡哨的简历没有任何兴趣。对于他们来说，简历越厚，阅读的难度和时间也随之增加了，所以他们更喜欢简洁的简历，能够一眼看出你是否符合公司的需求，是不是公司想要的人才。

那么在一页纸上应该出现哪些主要信息呢？

（1）基础信息。姓名、年龄、出生年月、民族、学历、健康、婚育情况、毕业院校、所学专业、联系方式以及应聘岗位等基本信息都要有，期望薪资也要写清楚。

（2）个人优势。个人优势一定要放在工作经历前，大概写 4～5 行，这几行非常关键，要和你当前所应聘岗位的需求尽可能吻合。

（3）工作经历。这部分不需要把所有工作经历都写上，只写和本次应聘岗位相关的能够给你加分的大企业、外企等优质企业的工作经历。

（4）项目经验。项目经验占比不要过长，不要超过五行，以数据来展示个人的工作经历最好。

（5）教育经历。如果有获奖经历，可以写上，没有的话，这份简历到"项目经验"就基本完成了。

如果你总是去不了自己心仪的公司和岗位，不妨尝试用"一页纸"的方式改进自己的简历，也许会收获意想不到的结果。

≫ 关于"背调"的疑问

对大部分人来说，入职中小企业，尤其是 20 人以下的小微企业时，企业一般不会进行背景调查（简称"背调"），主要原因有以下几点。

①企业没有过多的人力资源去做调查。

②企业没有靠谱的调查渠道。

③大部分岗位，企业更看重的是员工的工作能力与岗位的匹配程度。

因此，很多人撰写简历时倾向于"锦上添花"，将五分的经验和技能夸大为八分，以期提高面试的成功率。然而，有一部分人为了获得职位不择手段，甚至选择简历造假。一旦简历上的描述与 HR 后续进行的背景调查结果不符，企业必然会追究责任。

那么，我们该如何在避免这种情况的同时，又尽可能充分地展示自己的经验和技能呢？

以我个人作为面试官的经验来看，最关键的是不能无中生有。但我们也要明白，自己接触和学习技能并不仅仅依赖于上一份工作。个人在业余时间同样可以学习和提升。

那什么是可以写的呢？

以我个人为例，当我在某 500 强企业工作时，我的工位被安排在融资部办公室，与融资专员们共同办公。在忙碌的时候，我也经常帮助融资部的同事推进一些项目，我对融资部的工作方式、方法以及融资的流程和步骤都非常熟悉。所以，在面试有融资经验需求的企业时，我会在简历中写明自己具有企业融资以及债权相关的经验。

我的实际工作是总经理助理，并不包含融资事宜，如果HR在做背景调查时发现我的实际工作内容和简历上的描述不完全一致，这是否涉及诚信问题呢？

我遇到过这样的情况，我选择如实作答，并详细阐述了这部分技能的具体操作方法、可能遇到的问题以及问题的解决方案。HR在听完我的陈述后，当即表示认可我的技能。

因此，如果遇到类似的情况，你可以告诉HR，你的工作经验、工作环境和当前简历所描述的是完全相符的，并不存在欺诈行为。因为所有的描述都是基于当前岗位所对应的要求。与背调不一致的点，本质上并不在于你是否具有这一份工作经验，而在于你所在公司给你安排的工作内容是否与之相同。

▶▶ 你需要一个"正经"邮箱

很多人投简历不注意细节，往往导致其被刷掉。正确的简历投递方式可以大大提升你的成功概率。

很多企业喜欢通过邮箱接收简历，那么在用邮箱投递简历时，我们要注意以下三点。

（1）邮箱名称和简历名称保持一致

这样做有助于 HR 更精准地找到你。我收到的简历中，80% 都是用 QQ 邮箱投递的，若没有特意改动，QQ 邮箱的发件人名称会默认使用 QQ 名，所以我看到了很多奇奇怪怪的昵称。当我看到这些发件人名称时，很难想象出投递简历的人是一个什么样的情况。如果遇到我不喜欢或者觉得不太适合该职位的名称，我可能根本不会点开他的简历。因此，一个好的名称是让面试官快速找到你的关键。

（2）一个关键词和有礼貌的标题

邮件标题非常重要。因为打开邮箱时首先显示的就是标题，标题是决定面试官是否点开邮件的关键。

我见过一些很奇怪的标题，比如，"找工作，找工作，找工作""张三的简历"或者"你好，我想应聘市场总监"。如果将标题换成"市场管理岗—张三—期待得到您的回复"，这样是不是更能体现你的专业、真诚及尊重呢？

（3）正文要谦逊有礼

谦逊有礼，意思就是任何时候都要表达出对阅读者的尊重。如：

尊敬的HR您好，我大学时期是学电子商务的，目前看到咱们有电子商务岗位在招聘，而我正好有将近两年的电子商务市场助理的工作经验，非常符合您公司的岗位招聘条件。

我的简历在邮件附件里，请您查收，期待您的回复。

感谢您抽出时间阅读，祝您生活愉快。

张三 181********。

这段内容言简意赅，而且使用了关键词加礼貌用语的表达方式。这样的表述非常简单，但我却很少收到这样的邮件。

有的人发的是空邮件，邮件正文一个字都没有，仅有一个附件；有的人发的是长篇大论，在正文里又把自己的简历展示了一遍。

其实，最好的方法就是在正文里简要描述自己的情况，让HR有点开附件的冲动。只要达到了这个目的，这个邮件就是非常成功的求职邮件。

另外，邮件的格式一定要用PDF文档，因为PDF不会出现乱码，也不会延迟加载，而Word文件对使用端要求较高，容易乱码，影响阅读体验，而且Word容易修改，对简历本身的排版要求也较高。

以上就是通过邮箱投递简历的主要注意事项。

第三章

"你的形象价值百万"

面试时，初次见面的第一印象对于整个面试成功率的影响几乎占据了 50%。这绝对不是危言耸听。

很多时候，即便你的专业水平没有达到对方的要求，但你的形象、神态、语言、动作等外在形象能让对方感到很舒适并愿意和你交流，那你面试成功的概率将会达到 80% 以上，这几乎是压倒性的胜利。

所以说，除了简历，面试时的第一印象也是最重要的一环。

▶ 外在形象 = 55% 成功率

"你的形象价值百万"，这是老生常谈的话题了，但我们又不得不分析这一点。在职场上，尤其是面试场合，外在形象几乎占据了 50% 以上的重要性。

在心理学上，有一个"55387 定律"，意思是人和人的交流中，决定一个人在他人心中印象的，55% 来自外在形象，38% 来自语言和神态，最后的 7% 才是来自彼此交流的内容。

从"55387 定律"可以看出，个人形象占据了一半以上，你面试的聊天话术和个人魅力占据了很小一部分，而最重要的工作技能、工作水准等占据了更小一部分。因此，面试的时候，一定要把外在形象放在绝对的第一位。

这让我想起一件事。

有段时间，公司因为工作原因，打算招聘一位懂新媒体运营的助理。一个 20 多岁的男生前来面试，他的专业技能相当出色，我们之间的交谈也非常顺畅，包括他的薪资要求和标准都完全能达成一致。整体而言，他很符合我对助理的要求，但最后我却没有给他发放 offer。

原因在于，面试那天，他穿了一件颇具"朋克风"的外套，搭配一条牛仔裤和运动鞋，还戴了一个骷髅头项链和三个指环，整个人看起来非常新潮。如果我不是在面试他，而是在街上遇到，我可能会误以为他是一个不良青年。如果他当天能选择一身比较正式的套装，并且去掉那些奇特的项链和戒指，那么我毫无疑问会 100% 录用他。

那天面试完，晚上九点钟，他给我发了一条信息，表达了他对这份工作的喜爱和向往，然后问我是否可以来上班。我在回复的时候纠结了很久，最终还是回复他："实在不好意思，暂时没有通过。"

他追问我原因是什么。我没有直接告诉他是因为穿着打扮的问题。或许这就是他的风格，因为能在面试这么重要的场合里，依然穿着自己喜欢的朋克风，说明他本身就非常热爱这种类型的装扮。但是作为我的工作助理，我对他有一定的形象要求，所以我不想评判他对自己的喜好认知，也不想破坏他对这种装扮的热爱。或许他更适合自由性更高的公司和职业。最终，这场面试以失败告终。

我相信很多人都对面试时的着装选择非常在意，有时候穿得太正式怕被别人说成古板老套，穿得太休闲又怕被说对这份工作不够上心。

其实，选择穿什么不仅取决于你即将面试的岗位和公司的类型，也取决于你对个人职业的理解。无论是哪家公司的面试，适当的职业化装扮都更能让人对你的专业性持肯定意见。

像上面这样的例子其实每天都在职场中上演，但仍然有很多面试者没有把它放在心上，最终导致面试失利。

对求职者来说，所有面试场合都应该把个人形象放在第一位，再考虑自己的专业水准是否和面试的岗位匹配。

▶ 注意这项隐性考核

很多人在面试时不太注意自己的神情体态，而把注意力放在展示自己的专业技能上，认为只要专业足够优秀，就能打动面试官。但其实，在专业技能之前，还有一个更重要的考核标准，那就是你外在的神情和体态。

某次，我面试了一名男士，他给我留下了深刻的印象。

他大概 35 岁，面试的岗位是运营主管。看简历时，我觉得他比较出色，但面试时却让我大失所望。

首先，他穿了一身休闲装，上身是红色连帽 T 恤，下身是牛仔裤和运动鞋，整体看起来非常休闲。穿着这一身，他完全可以直接去运动场打球，而没有任何职场气质，更别提专业性了。

再来说说整个面试过程，从坐下的第一分钟到面试结束，20 多分钟的时间里，他翻看手机的次数不少于 5 次，看手表不少于 3 次，还时不时地抖腿。

其实在他不断翻看手机的时候，我就已经决定，无论他的专业技术如何，都不会录用他。最终，我当然没有给他发放 offer。

在职场中，无论面试什么岗位，也无论你本人的专业技能如何强，面试过程中都一定要注意神情和体态。如果你说话时眼神左顾右盼，时不时盯着无关紧要的东西，尤其是中途看手机和看手表，会给人一种不尊重对方的感觉。

正确的做法应该是尽量全程注视对方，手机静音，不要看手表，面带微笑，和面试官保持同频。

何为同频？就是他说一句，你搭一句；他问一句，你答一句。这样，面试官与求职者之间就能形成绝对平等的对话氛围，整个面试过程也会变得非常顺利。双方都感受到尊重和平等以后，你们之间其实就已经产生了同频的磁场。

神情、体态表现优秀的要点在于，尽可能让自己看起来很稳重。因为职场面试时，所有面试官都希望遇到一位真正能做事的人，而不是看起来吊儿郎当不靠谱的人。

生活中很多人并没有意识到自己这方面的问题。就像上面这位面试者，他在职场上已经拥有了一定的职业经验和磨炼，但在面试时却依然犯了如此致命的大忌。而他本人显然不认为或者不知道自己有什么问题。

所以，如果面试没有成功，除了专业技能方面的问题，你还需要多多排查自己的外在形象和语言神态等方面是否做到了全程专注与尊重对方。

大部分情况下，面试时间都不会太长。你不需要过于礼貌或过于卑微，只需要保持和对方平等对话的姿态就可以，像朋友聊天一样专注自己的领域，不要做小动作。那么你面试成功的概率就会提高不少。

▶ 有效表达：多做"镜子练习"

很多人在面试中不善于精准表达自己的观点，因此失去了很多好机会。有些人在业务领域内的专业度没有任何问题，但由于表达力略有欠缺，面试时一句话就能解释清楚的事情，却因为表达失误，遭到面试官的淘汰。

很多人根本没有理解面试官究竟想要什么样的答案，而理解失误是因为对问题的理解不够深，因此表达比较浅显，或者语言组织相对比较混乱，没有一个明确的中心点。这类人即便其他方面都很不错，也还是很容易被淘汰。

曾经我面试过一个BDM（业务拓展经理），岗位要求是能够带团队拓展市场。面试下来，对方的专业能力基本符合要求，但是在问到他过往的工作情况时却出了问题。

我问道："你可以简单讲述一下你在这几家公司过往所做的工作情况吗？"

于是他一个公司接一个公司地讲，足足讲了3分钟还没有结束，我不得不打断他，让他停止讲述。在这3分钟里，我没有听到任何有效或有用的信息。这说明，他完全没有理解面试官真正想听的答案。

一般来说，面试官让你讲述过往工作经验的时候，他们想听的并不是你在那些公司里的细枝末节，你跟着谁做事、具体是怎么做事的都不重要，他们实际上想听的是你过去的成绩以及达成的路径，你要在极短的时间内表述清楚，而不是如数家珍般逐个罗列。

记住，我们只需要讲述和此次面试有关的事情，以及有利于通过此次面试的内容和过程。而且我们要记住：先讲结果，再讲过程。

在上面这场面试中，我其实是在考验这位面试者的带队能力，但很明显，这位面试者的语言组织能力差了些。由于其他方面还不错，我当时把他留了下来，但是十来天后，公司还是向他提出了解除劳动合同的要求。

这其实也侧面反映了一个问题：语言组织能力有问题，主要是因为思路不清晰。这样的人在带队工作的时候很容易出现问题。

相信很多人都有这样的情况，那么如何改善表达方面的问题，让自己能够快速精准地找到面试官问话的重点呢？其实，从日常生活出发，就可以慢慢养成这样的习惯。

（1）尽可能戒断"奶嘴乐"行为

要提升自我，首要任务是戒除"奶嘴乐"行为，即减少观看对工作和个人成长无益的视频。当前，信息平台资讯过载且碎片化，有价值的信息稀缺且难以筛选。更有甚者，部分短视频传播错误知识和观点，易误导观众。因此，建议减少使用这类平台，转而多读书并做读书笔记。阅读时，尝试总结复述段落中心思想，绘制思维导图辅助记忆，并尝试从作者视角思考，用自己的语言阐述书籍整体思想。这样不仅能提升逻辑思维能力，还能增强表达能力。

为进一步提升表达能力，建议多与陌生人交流。许多人在日常生活中交流无碍，但在面试等正式场合却难以畅所欲言，这往往是因为表达逻辑不够清晰，且缺乏与陌生人沟通的实践。因此，多与陌生人交流，练习用简洁明了的语言阐述复杂概念，是提升表达能力的有效途径。长期坚持，你的知识储备和谈话逻辑都将得到显著提升。

（2）梳理历史项目自问自答

把自己每一段工作中具体做的事情或者项目好好梳理一下，采用自问自答的方式讲给自己听。最好是对着镜子说，说到自己满意为止；也可以找朋友模拟面试，从另一方的视角看看自己究竟存在哪些自己意识不到的问题，然后积极调整和改变。

（3）保持空杯心态，持续学习

这是最重要的一点，任何时候都不要放弃学习。如果大脑长时间不学习或思考，就会变得慵懒，喜欢找捷径，不喜欢深度思考。就像一个长久不用的水龙头，时间久了它就会生锈，我们的大脑也是如此。

除了表达能力的问题，还有一种情况，有一类人始终把自己放得很低，过于紧张和不自信，才会在面试中无法精准表达自身观点。

紧张和不自信可以摧毁一个人。其实解决的方法很简单，那就是多做"镜子练习"。你可以坐在镜子前，把镜子中的自己想象成面试官，你可以自问自答，看看镜子中自己的神态和语气：是不是过于紧张了？有没有表现出自信？如果没有，那就一直练习，直到对自己满意为止。你也可以给自己录视频，很多人平日里侃侃而谈，上知天文下知地理，但一录视频，就变得磕磕绊绊，说话就像读稿子，极不自然。和"镜子练习"一样，你也可以通过录视频的方式，来看看视频中自己的问题都出在哪。

很多人面试没有成功，总喜欢把原因归咎于自己的专业技能不够过硬，其实真正的原因可能和专业能力没有关系，而在于你的外在表现。

只要你时刻告诉自己，你只是来找一份工作，是拿自己的时间和经验以及知识换钱的，你拿的薪酬是用这些等价交换来的，不存在需要过多地捧着谁才能得到这份工作的情况，那么，你的心理负担就会不自觉地放下很多，也就渐渐地不会紧张和不自信了。

如果没有面试成功，那就告诉自己，只是自己与这家公司的要求不匹配而已。没有必要给自己太大压力，用游戏的心态去找工作，就会轻松许多。

另外，我们也要提前做好准备，清楚自己的不足，并积极想办法应对。根据目标公司和目标岗位适当调整自己，弱化自身不足，突出自己的核心优势。

要知道，面试回答问题也是有一定技巧的，不同企业的面试官喜欢的标准也不一样。这家没给你 offer，别在意，可能下一家更看好你，很多事情不完全是你能控制的，做好自己能做的就好了。

面试过程中，我们要积极与面试官互动，当面试官问到一些自己不太了解的问题时，可以先思考一下，这样也能让对方觉得你是一个做事讲方法、思路清晰的人。

总结一下，我们在讲经验、经历的时候，一定要先讲结论再讲过程，结论用一句话表述完整，过程千万不要平铺直叙，要有清晰的第一点、第二点和第三点，每一个小节同样是一句话就要讲清楚。只有精准表达自己的观点，让面试官快速得到想要的答案，你才能轻松获得信赖。

》》 扳回气场的第一句话

在面试时，很多人会不自觉地降低自己的身份，抬高对方的身份，这种做法无形中会给自己增添很多压力，使得原本自信的自己变得有些怯场。本质上来说，这是一种消极的自我暗示。

那么，如何避免这种消极暗示呢？

当我们进入面试现场时，很多面试官会先让我们介绍一下自己。这个时候，大部分人会一板一眼地回答自己是谁、叫什么、之前做什么工作等。

其实，这种做法并不妥当。在这个时候，你可以先反问一句："您好，很荣幸能够与您坐在这里交流。方便问一下，您是负责公司哪个职能版块的吗？"

得到对方的回答之后，你可以基本了解他的岗位、职责以及姓名等有效信息。掌握了这些基础信息，你就可以礼貌地与对方交流，比如说："您好，某某总，幸会。"

千万不要小看这一句简单的问话，因为它可以迅速拉近你们之间的距离，使你们的身份更加平等。了解了对方的名字和职责后，你就能大致判断出入职后对方是你的上司还是你的同级同事，这样你就能更好地把握后面的谈话内容了。

如果对方是你未来的平级同事，那你可以比较轻松地与他交流工作内容和专业技能问题；如果对方是 HR，你只需要展示自己在工作方面的专业性；如果对方是你的未来上级，你需要展现出自己的真诚、对这个项目的熟练程度以及对企业的期待等。

几乎所有的面试，我都是这样扳回气场的，所以我的面试成功率极高。

如果你在面试中总是与对方不同频，找不到谈话的投机点，不妨在见面的时候先询问对方的身份，然后彼此平等地坐下来交流。

把面试当作和有经验的朋友聊天，聊的过程会更加轻松愉快，面试的成功率也会提高不少。

▶ "厚脸皮" 竟是高级能力

"厚脸皮"，其实是一种很高级的能力。

在很多情况下，"厚脸皮"都被大家认为是一个贬义词。然而，在职场竞争中，如果你的脸皮不够厚，很有可能会错失很多难得的机会。

我自己人生中最重要的一份职场经历发生在500强企业近四年的时间里，我学到了小微型企业里学不到的管理知识和项目经验，而这一份工作，我是怎么得到的呢？其实靠的全是"厚脸皮"。

我刚从大学毕业那会儿，拿着没什么含金量的简历到处投，在那个时候，智能手机还没有全面普及，手机App招聘也没有上市，大家需要在电脑网页上投简历，而且不是即时沟通型的网页，你需要把简历投过去，然后等着对方给你打电话。

所以，我找工作的方式主要是跑线下招聘会和人才市场。

那天下午，由于对新的城市不熟悉，我一路辗转赶到人才市场，已经下午四点了。其实这个时间很多公司已经准备收摊了。我进了人才市场从头看到尾，相中了一家500强企业。它的招聘需求和我的专业完全契合，可是它的要求是必须985或211本科毕业，而我的情况显然不符合，但是我真的特别想要得到这样的工作机会。

于是我上前把简历递给了正准备收摊的面试官，没想到他瞄了一眼就说"不好意思"，并退回了我的简历，我明白他的委婉拒绝意味着什么，但却心有不甘，这时候正好旁边来了一位30岁左右的男士，他来了后，面试官立刻站了起来，微笑着给他汇报当天的招聘情况。所以我认为他一定是主管级或者总监级，甚至是总裁级的领导。于是我快步上前把简历递到他眼前，我对他说："您好，经理，这是我的简历，我在学校和实习期间所做的工作都和咱们的应聘需求完全相符，而且我仔细查看过咱们公司的项目情况，完全可以胜任，希望您能看一下我的简历。"

我把简历直接塞到他的手上，根本不容他拒绝，然后一脸真诚微笑地看着他。可能是出于礼貌，他接过我的简历看了起来，这时候我又趁机告诉他，虽然我刚刚毕业，在这个行业待的时间不长，但是相关的经验绝对没问题，而且我很热爱这个行业，期待能够跟您共事。

他大概看了不到一分钟，告诉我说他回去会仔细看的，如果没问题的话，会给我打电话通知我。我拿起手机说："那您方便加一下我的 QQ 吗？如果我没有来得及接听电话，我们可以在 QQ 上沟通。"他愣了几秒钟以后，还是拿出手机加了我的 QQ 号。之后我告诉他："那您先忙，我等您的通知。"

大概离开不到十分钟，我就接到了他的电话，他跟我说，给我一次去公司面试的机会。去面试之前，我疯狂查看这家公司的所有情况，包括企业发展历史、创始人和投资人情况、股权分配情况、当前项目的发展情况等。

第二天我如约到公司见到了他，在面谈的过程中，我完全没有职场菜鸟特有的青涩，我跟他聊天的过程简直就像多年未见的老朋友，我的自信大方和对项目的胸有成竹让他非常满意，当天他就给我发了 offer。

待我入职以后，同事偷偷告诉我，全公司只有我是被破格录用的。

在工作不满三个月的时候，他就提拔我做了项目经理，谁能想到我当时只是一个刚刚拿到毕业证的小菜鸟呢。

从这件事情我得出的结论就是，遇到机会不要退缩，不能看到对方拒绝就放弃，觉得自己不会、不可能或者做不到。

很多时候我们看招聘简章的时候，上面要求应聘者要会这个、会那个，并且必须是本科以上学历。很多人其他方面都满足，但因为学历和年龄不符合就放弃了投递。其实机会是靠自己争取来的。有时候，只要你有足够的胆量去尝试，就会得到意想不到的结果。

所以，"厚脸皮"几乎贯穿了我整个职业生涯。无论是谈项目、谈合作，还是面试谈薪资，我都秉承"绝对厚脸皮"这一原则。而这一原则也帮助我在短短几年时间内从基层员工做到了经理，从经理做到了总监，再从总监做到了总裁。

▶▶ 立即停止"疯狂输出"

面试的时候一定要多引导面试官输出观点。这一点其实非常有意思，因为在我的职业面试生涯中，大部分面试者都会滔滔不绝地讲话，他们很少引导面试官讲话。

比如，刚开始面试时，面试官会让你介绍一下自己，然后你就开始"我叫什么、来自哪里……"然后对方问你之前项目经验，你又开始滔滔不绝地讲述，最后面试官问你是如何看待这份工作的，你还是一大段输出。

这种场景是不是特别常见？好像从头到尾，面试官都在淡定地看着你，听着你滔滔不绝，整个面试过程好像很顺利，最后却没有收到 offer。

知道原因在哪里吗？

其实就在于你输出太多，而对方没有输出或者输出过少。很多时候输出的多少就代表了沉没成本的多少。

我们面试的时候，如果对方几乎没有给你讲过什么观点，那么你来和你不来，对方是没有任何印象的。如果整个面试过程能够你说一句对方搭一句，甚至对方讲得比你还要多，那你这次面试 90% 以上的概率能拿到 offer。因为如果对方对你不满意，他是不愿意讲很多东西的。所以你要想方设法引导对方输出。那么该如何引导呢？

（1）不要把自己的身份放得太低

身份放得过低，会导致不对等，你们之间就不容易同频，对方也就不太愿意和你讲太多话。

（2）面试前多了解公司

面试之前一定要尽可能掌握这家公司的所有信息，尤其是目前应聘的岗位、需要负责的项目和项目的基础信息。掌握了这些信息，你就能准确捕捉到对方对岗位人才的精准需求点。

有些人会问面试官当前岗位的需求架构、工作的进度、团队的人员及岗位设置、项目的分配情况等。问这些看似没有问题，但是面试官在回答时往往会耗费很多时间和精力，因为此类问题太过宽泛，让人不知道如何回答以及从哪里答起。就比如用户进入一家服装店，导购问"您喜欢气质款还是淑女款"和"您喜欢什么类型，我给您介绍"，很明显第一个问题更好回答。

不正确的提问很容易使面试陷入一方在持续输出，另一方在沉默的境况，正确引导输出的方式应该是提前了解项目的内容，然后问到精准的某个点，再针对某个点阐述自己的想法，最后面试官再补充。这样的话，你对项目有足够的了解和见解，也会引起对方对你的兴趣，这场面试就会变成平等的对话。

比如，将"现在项目的进展如何了"换成这样的阐述方式：

"我在某个渠道看到咱们这个项目目前的规划是半年内完成 1000 万元的 GMV（商品交易总额），但是目前的情况下，每个月的支付 GMV 只有不到 100 万，按照目前的进度来看，半年内做到这个目标还是有些难度的，我预估到这个月底可以做到 300 万，那您这边是什么问题导致进度比预想中慢吗？是人员不够还是推广资金不到位？"

这样的问话就非常清晰地展示了你对当前这个项目的重视程度以及了解程度，而且你问得特别仔细，面试官在听到这样的问题的时候，他脑海里有非常清晰的回答策略，不会那么宽泛。

所以说，好的提问方式，不仅会让你的逻辑思维能力有较大提升，还能从面试的角度让面试官对你留下好印象。

（3）适当谈及生活

除了工作以外，可以和对方谈一谈生活上的事。从生活的角度切入，彼此像朋友一样去讲述生活，拉近感情。彼此没有陌生人之间的隔阂和利益牵扯以后，对方往往会输出很多自己的观点和想法，这时候，在工作本身的要求之外，面试官会对你的人格魅力留下印象，这甚至会促使两人成为朋友。

因此，引导对方输出的关键是，在做足准备的情况下，还需要察言观色，适时兼顾对方的话题，并往生活上靠，从而拉近彼此的距离。

正所谓"人对了，事就对了"。想让面试官留下你，除了专业能力，你能够让他认为你很靠谱比你本身很靠谱要重要得多。

▶▶ 一句话，让缺点变优点

如果面试官让你说说自己的缺点，这时候，我们该怎么办呢？说得太直白，害怕面试官留下不好的印象；说得太委婉，又害怕面试官觉得自己不诚实。其实，要回答这个问题，我们需要学习一些话术技巧。

在职场中，我们的一些个人特点对工作本身来说其实是减分的，但是我们可以通过合适的描述把这些劣势变成优势。那么，怎么去描述呢？以下是几种常见的描述方法。

第一，如果你是个急性子，做什么事情都风风火火，这样的性格很容易在工作中出岔子，那么你要告诉对方：

"我责任心很强，是天生的行动派，能够快速推进工作。"

千万不要说自己做事性子急，尤其是在互联网行业里，性子急很多时候算很严重的性格缺陷，因此要极力避免这样表述。

第二，如果你做事速度相对比较慢，那么在描述这个缺点的时候就不能直说，而要说：

"我是一个抗压能力比较强的人，在工作中喜欢抠细节，对所有步骤和方法都需要一一核对，我能够在工作中做到事无巨细，但是可能会导致工作任务没那么快完成，我更喜欢追求精益求精。"

这么一描述，速度慢反而成了优点，相信 HR 不会不喜欢这样的面试者。

第三，如果你是个"三分钟热度"的人，你可以尝试这样讲：

"我属于思维比较敏捷的人，对外界的各种新鲜事物都有比较高的接受度，永远保持新鲜感与好奇心。"

这个阐述方式不仅能有效表达"三分钟热度"的内在特质，同时也将缺点巧妙地变成了优点。当然，如果你从事的是设计类等需要思维跳跃的工作，这个特点可能本身就是契合岗位要求的。

第四，如果你平时做事情比较优柔寡断，往往需要时间去消化很多决策，这时候你需要对这个习惯进行包装，你可以这样说：

"我工作的时候比较稳重，思考周密周全，能够从多方面去看待问题并找出行之有效的解决方案。"

第五，如果你不善于社交，比较内向，那么对于需要频繁与人沟通的工作，多多少少会有点问题，这时候你需要这样描述：

"我是一个在专业领域非常专注并且对自我提升很有要求的人，不轻易被外界环境影响，比较专注于自身，不喜欢多余的无用的社交。"

这样表达，对方其实是可以听出来你在交际这方面的问题的，但也能明白这并不会影响你的专业能力。

第六，如果你受自己的职位以及工作要素限制，没有太多自主权或者对工作内容没有太多发表意见的空间，也可能是容易被各种因素干扰而难以下决定，这样的性格在工作上也并不一定是缺点。你可以这样描述自己：

"我比较善于资源整合，同时会考虑多方面的关键因素去制订计划，不会特立独行，会尊重大多数人的意见。"

这样一说，缺点也就变成了优点，而且毫无痕迹，让人信服。

第七，沉默寡言，这一条也不是绝对的缺点，可能和所从事的职业要求不同有关。如果企业需要外向、热情的职员，这种情况下，你可以这样表达：

"我是一个乐于奉献的人，喜欢衬托他人，是集体中不可或缺的一分子。"

其实，以上所说的"缺点"在某些场景下并不是缺点，不同工作对求职者的特质有不同要求。为了找到一份更好的工作，当面临这样的问题时，你需要学会将这样的"缺点"变为优点。诸如此类的描述方式还有很多，大家可以从中总结规律，其本质就是用积极的态度去展示一个不够完美的工作方式。

从面试官的角度来说，越积极的表达，越能让人感受到你对工作的热情和激情，所以不要吝啬于夸奖自己。

▶▶ 适度包装，薪资"真香"

在招聘平台上筛选简历多了，我发现一个特别有趣的现象。

某次，我想招聘一个运营总监，在筛选简历的过程中发现了一个有10年以上工作经验的人，看着还不错，可当我正要点开和他详聊的时候，发现他的期望薪资是6000～8000元，我立即停下了手。

首先，总监级别的岗位在××城市这样一个薪资比较低的地方，一般底薪也是8000元起步，个人要求至少应该达到15000元，可是他的期望薪资只有6000～8000元。

看到这个薪资要求，我反而不敢录用他，因为看似要求非常合理，实际上不禁让人怀疑其工作能力。这样的人，对自身没有过高的期待，他的要求太低了，那么他的产出会高吗？

所以，无论你的实际情况怎么样，你的期望薪资一定要拔高些，因为适当地拔高和包装自己，才能真正找到更加合适的职位和薪酬待遇。

还有一类人特别有意思，我点开他的简历，发现他只有23岁，但是已经做过两家公司的CEO、联合创始人，还有多次从 0 到 1 搭建团队和项目的经验。

不是说年轻人就一定是没经验的小白，而是一个年纪很小的人来面试普通岗位，却拥有如此耀眼的成绩，这显然不太合理。

所以说，年轻人一定要把自己的位置摆正，如果你是来面试基层岗位的，无论你曾经多么辉煌，也只要在简历中写自己在专业上的具体技能；如果你面试的是管理岗，那么你就写自己在管理方面的经验和经历，不要写得过于夸张，因为少年天才毕竟少有。

所以，适当包装自己很重要，但绝对不能脱离实际。企业最看重的并不是求职者过去的辉煌经历，而是求职者进入公司后，可以利用过去的能力和经验为公司带来什么。

第四章

"和谁谈话" 很重要

去面试的时候，一定要知道对面和你谈话的人是谁。

因为和不同的人谈，你讲话的重点是完全不同的。和 HR 谈、和部门经理谈、和老板谈、和猎头谈时，每一个人所关注的点都不同，所以你表达的中心思想也应该根据对象的不同而不同。

如果没有搞清楚谈话的对象，而采用统一的话术，那么你很可能会失去一份非常不错的工作。

≫ 和 HR 谈：技能才是"敲门砖"

和 HR 约面试，大多数时候都不需要聊得太深入，因为 HR 的主要任务是初步筛选，他不是最终定夺的人。HR 面试的主要对象是基层员工，最多到主管或经理岗，再高级别的岗位一般是由总经理或者董事长来沟通。因此，和 HR 面试时，你要把专业技能放在第一位，让他从你的谈话中获悉你的工作能力和工作态度。

HR 可能并不是很了解你的专业技能水平，这时候就需要非常清晰的指标和绝对量化的数据来支撑。这会让 HR 一眼就看到你的成绩和你入职后能给公司带来的利润点。

当 HR 要求你描述之前的工作时，你可以这样回答：

"我之前作为整个新媒体部门的负责人，和 BD（商务拓展）部门的同事一起对接商户，并且通过云剪短视频、实探短视频、专场直播以及达人号直播等形式帮助商家快速打爆店铺热度。其中做得最好的店铺是一家火锅店，短短一个月时间投放了500多条视频和20场专场直播，实现了2.5亿元的GMV转化，超过了该店铺全年的营收额。经过这个项目的运作，我完整地掌握了本地生活版块商户的运营技巧和方式方法，我的个人运营能力和沟通能力都得到了较大提升，使我对商家运营版块有了较深入的了解。由于咱们公司也是做本地生活版块的，从整体上来说，我与公司的业务步骤和过程的匹配度非常高，所以很希望能够加入咱们公司，用我的专业知识和技能帮助公司做出半年GMV过5亿元的业绩。"

说到这里，HR已经对你的专业技能有了一定的了解。虽然他不一定清楚你对这个专业技能的掌握程度，但通过数据化的表述，他能够感受到你清晰的逻辑。这时候，你的入职可能性已经很高了。但除了这一点，你还需要和HR再深入探讨一些除专业技能以外的东西，以保证入职后你的合法权益。

在面试的时候，我们的姿态一定不能太低，而且要学会提问。提问时，不要过于直白，你想了解的"避雷点"一定要细化、量化地问，并将其作为是否入职的依据，比如以下几个问题。

问题一："目前这个项目的团队组合是怎样的？"

问这个问题，主要是为了根据业务量和自身效率，判断入职后自己的工作量如何。也就是在向 HR 索要更加具体的量化的数据指标，方便自己判断自身专业技能是否能和日后的工作量匹配。

问题二："在加班方面，公司有什么相关规定吗？"

加班有补偿规则的企业，相对更正规，选择这类企业可以避免被攫取免费劳动力。如果 HR 不能正面回答这个问题，而是给出模棱两可的答案，那么该企业大概率是需要员工经常免费加班的，这时候你就需要考量你的专业技能和长期免费加班之间的契合度了。如果能够做到对方想要的业绩情况，是否可以免除加班？还是说加班跟业绩无关，就是常规企业文化？如果是这样，那就得再多考虑考虑。

问题三："目前公司对这个业务的营销投入大概有多少？"

你可以根据项目的营销投入资金或者人力，对比行业内的平均水平，从而判断这个业务的健康度。同时也可从自己的专业角度出发，了解行业内的常规投入是多少，你可以发挥的空间是多少，为以后入职做好准备。

问题四："这个岗位需要和哪些部门配合？"

一般来说，协作部门越少，说明该岗位属于边缘部门，或者公司在这部分的投入比较少；而若与其他部门协作较多，说明公司结构比较完整。从HR描述的工作流程中你可以大致判断，入职后是需要和其他部门协作，还是自己独立运作。独立运作的可以暂时不考虑，有协作说明项目整体状态良好。

问题五："目前这个业务是盈利状态还是扩张状态？"

毫无疑问，已经盈利的业务更健康，裁员风险和工作压力都较小，业务更合理。而扩张状态说明正在发展期，需要大量的员工入职来做事情，虽然暂时没有盈利，但未来盈利的可能性很大，入职后也会有较大的升职空间。

问题六："这个岗位的汇报对象是谁，能对工作内容拍板吗？"

日常工作汇报层级超过三层，比如组长、总监、经理，且都要由最后一层领导拍板的，容易遇到中层领导与高层领导意见不一致的情况，这时候工作的推进可能会比较慢。汇报层级越少，项目推进会越快。

问题七："直属领导是什么管理风格？"

一般来说，我们入职某个公司，不只是为了薪酬待遇，更多的是为了遇到一个可以提携我们的领导或者可以和谐健康共处的同事，所以问清楚领导的管理风格也很重要。

问题八："同事们的年龄情况如何，有资深老员工吗？"

一般基层员工越年轻，经验越少，说明公司人员流动性越大，也可能说明该业务存在种种问题，留不住老员工。

问题九："这个岗位的晋升条件是什么？"

从 HR 描述的晋升岗位规则可以有效判断公司是否有明确的制度与评判标准，以及标准是否合理等。

如果没有明确的制度和文件来确定晋升的空间，员工晋升全凭老板个人印象来判断，那说明未来晋升渠道不明朗。

问题十："公司有没有房补、餐补、丧假、生育补贴等？"

补贴的种类越多，说明企业人文关怀做得越好，HR 体系比较健全，老板格局更大。

以上就是和 HR 谈话时，我们可以主动发挥的几个要点。多讲专业技能，让 HR 认可你的工作能力，同时再问清楚其他关于入职后的基础情况，这个面试就算是非常完整的一套流程了。

》 手握业绩，"搞定"上级

很多中小型企业的面试，尤其是基层岗位的面试，大部分情况下是由部门经理直接和面试者面谈，并且由部门经理来决定是否录用的。有时候由 HR 进行初面，然后再由部门经理决定薪资待遇等情况，这个时候要搞清楚和部门经理面谈的要点有哪些。

首先，有一点很确定，那就是部门经理一定是这个行业的内部人士，他在专业性方面是部门里相对最强的。作为面试者，你说的每一句话，他都能看出你的专业水平，但 HR 不一定看得出来。所以和部门经理面谈时要把自己的项目业绩摆出来。

怎么摆项目业绩呢？

按照"总——分——总"的结构来讲，先总结自己在该项目中做出的成绩，然后再拆分介绍所负责的具体版块是如何达成的，最后再总结自己在项目中学到的知识和经验，以及可以如何应用到新的项目中。

比如，我们要去应聘一个新媒体直播运营岗位，那么，和部门经理面谈时要这样讲：

"我在之前的公司负责两个直播间的运营，共运营了 5 个月的时间，产出了 6800 万元的 GMV，最高日 GMV 为 232 万元。我的主要工作是以下这些：一，负责直播间的选品和上架；二，选品洽谈；三，直播方案撰写、直播流程梳理、主播话术准备、直播过程中的流量监控、直播结束后的数据复盘等。我们的直播投流 ROI（投资回报率）在 1.5 以上，这也是我个人认为做得非常好的一点。当时，我们主要做的产品类目是日化和护肤，因此，我非常熟悉这两类产品的直播流程，我觉得这和贵公司现在所做的产品很契合。整体上来说，我负责运营的这两个直播间都是非常成功的直播间，整个直播运营的流程我都全面参与，并且非常熟悉，所以我非常有信心，能够把咱们这边的直播间做得同样很不错。"

这样一番阐述下来，相信部门经理已经着手为你准备 offer 了。

其实，除了一两个项目的介绍，若有其他能够加分的项目也可以多介绍。

上述整个话术主要讲的是自己参与的项目以及业绩，并且讲的是最好的一部分，同时详细说明具体负责的事项，并总结出这些经验如何为即将入职的这份工作带来正向反馈。

对于部门经理来说，他的主要职责就是寻找与自己志同道合的优秀下属，他希望招来的人能够成为自己的得力助手，共同解决问题。因此，在与部门经理交谈时，务必要突出你的业务能力和专业水平。

除了业绩之外，还有一点至关重要，那就是部门经理作为一个承上启下的职位，既有可能晋升，也可能降职。因此，在与其沟通时，既要让他对你的能力给予肯定，使其迫切希望将你纳入团队，共同完成任务，同时又不能让他感觉有威胁——因为如果你表现得过于出色，有可能危及他的职位。

因此，务必注意收敛自己的锋芒。如果你确实比部门经理更优秀，那么在谈话过程中一定要有所保留，切勿过分展示自己的野心。

当部门负责人询问你对未来的规划和职业想法时，务必谨慎回答，只谈论你对具体业务的规划，避免涉及职场升迁的计划。如果对方问及你未来3～5年是否有晋升为经理、总监等职位的打算，你可以这样回答：

"暂时还没有这样的想法，因为我希望在当前的岗位上将工作做得更加精细、专业。至于职场上的升迁，我认为这是一个自然而然的过程。由于我现在还处于初级阶段，在管理方面还未涉及，所以我更希望能够先把手头的事情做好。"

记住以上两点，你被录用的可能性将会大增。因为你既不会威胁到负责人的职位，又能成为他们的得力助手。

▷ 用眼界和格局征服老板

一般情况下，能够直接与老板面谈的职位至少都是部门经理级别。作为管理岗位的职员，在与老板交流时，务必注意避免过多地描述具体的业务细节，应侧重于展现你的眼界、格局以及个人资源。

因为老板可能并不熟悉具体的执行过程和经验，你向他讲述这些，他很难有一个明确的标准来衡量你的能力。此时，他更需要听到的是你对整个项目的商业规划、战略方面的想法以及你们是否在同一层次上。

与老板面谈时，有以下几点至关重要，需要牢记：

首先是形象问题。毫无疑问，管理岗位的形象与普通员工肯定有所不同。不要穿着休闲鞋、运动衣等看起来不适合职场的装扮，发型也不要过于奇特。整个人要显得稳重，且要适当整理自己的仪容。女生一定要化淡妆，切忌素颜或浓妆艳抹。所谓"你的形象价值百万"，在这个岗位上，这条准则一定非常奏效。如果你的形象在老板这里不过关，那么后续的一切都将无从谈起。

接下来是面试过程中的第一句话。很多人一看到老板就会给自己无形的压力，觉得对方高高在上，自己要低一截。其实完全没有必要有这样的心理负担。因为对于老板来说，他希望这个管理岗位的人员能够帮助他一起做事，而不是简单地雇佣员工。所以，一定要注意把自己的位置摆正，尽可能让自己和老板的谈话像和朋友聊天一样随性、自然。如果你把自己的地位摆得太低，老板就无法感受到平衡感。没有平衡感，你们之间就无法同频共振；没有同频就没有同步；没有同步就不会产生信任；没有信任，那接下来的很多谈话就没有意义。

因此，和老板面谈时的第一件事，如果有必要，先和老板握握手，然后再大方自然地坐在离他最近的地方，距离千万不要超过两米，彼此要像老朋友一样聊天。光是这一条，你就已经赢得了他很大的尊重。因为对老板来讲，你的姿态和他平等，他会觉得你们之间不是雇佣关系，而是合作关系。

所以，管理岗位的核心定位就是合作，而不是把自己当作普通雇员。因此，第一句话应该说："您好，×总，我是×××，很荣幸今天能跟您坐在一起聊天。"这个时候最好能起身握个手，像在谈合作一样。其实本质上和老板面试聊天，就是在谈合作——你怎么出售自己的知识经验，对方怎么来购买。所以，要从心态上把自己从雇员转变成合作者，接下来的聊天会顺利很多。

很多人和老板聊天的时候，还带着跟 HR 或者部门经理等打工者聊天的心态，对自己过往的经验喋喋不休。比如老板让你讲讲以前的工作经验，很多人就开始分享自己第一份工作是在哪里做的、做得怎么样；第二份工作是在哪里做的、做得怎么样；第三份工作怎么样……没有三分钟，根本说不完。

但是我们必须知道，老板的时间都非常宝贵，他们是没空听你说太多和本次面试岗位无关的信息的。为什么我强调这些是无关信息？因为你的工作经验对老板来说是过去式，他想知道的是你过去的知识和经验在这里能够怎样发挥。

所以，在描述的时候不要强调自己以前是做什么的以及怎么做的，而要说自己以往的工作经验中有哪些突出的部分，这些突出的业绩或者成果能给应聘公司带来什么样的实质性好处。表述时一定不要平铺直叙，而要利用"总——分——总"的形式介绍。

具体怎么讲呢？先说自己过往取得的辉煌成绩，再说这些成绩是通过什么样的方式取得的，即你是怎么完成这样的业绩的，然后总结一下这些业绩应用到后续的工作中会有怎样重大的意义。讲完这些以后，再去讲自己的眼界和格局。眼界和格局是老板最想听的部分，但要放在最后来说。因为如果前面你的业绩能力没有特别突出的话，后面的眼界和格局也就不是那么重要了。

眼界和格局又该怎么说呢？老板们往往喜欢说顶层设计、战略、底层逻辑等内容。跟他谈的时候，你就讲行业大方向、大趋势以及竞品对手是怎么做的，你入职以后会怎样完成这些事情。当你对行业大方向有清晰的认知，和老板有相同见解的时候，你们基本就站到了同一条战线上，你也就很容易得到老板的信任和尊重。

面试中不必太在乎老板的感受，尽管是第一次见面，但是你一定要把他当作老朋友一样去对待，把他当作和你完全平等的生活中的合作伙伴去对待。正所谓"高处不胜寒"，很多老板其实在工作中很难接触到非常基层的东西，而你的到来就是帮助他抓住基层，同时又能和他在战略上顶峰相见，所以他一定会非常珍惜你这样的人才。

老板平时见多了大家对他毕恭毕敬的态度，甚至阿谀奉承的话，所以你在面试时一定要跟他平等对话，让他觉得找到了知己，找到了一个真正能够帮助他做事情的人。

跟老板谈和跟部门经理谈完全不一样的地方就在于，部门经理可能会防着你，但老板绝对不会。

没有任何一个老板会担心员工过于优秀，这就是这两者最大的区别。跟老板谈，甚至可以讲历史、讲故事、讲创业经历、讲奇奇怪怪的见闻等，可以和他有说有笑，语气保持同频同速，把他当作朋友去给他讲你的所见所闻。在介绍所见所闻的基础上拔高你的思想高度。

关于和老板谈，我有个特别有意思的经历分享给大家。

这个经历和面试无关，但可以给大家提供一些面试的参考。

我之前在500强公司工作的时候，和直属领导一起参加了一场述标会。会上，我们的述标过程其实已经非常完美了，奈何强中自有强中手，最后我们落选了。但是，这份合作对我们来说非常重要，领导很想获得这次机会。

会议结束的第二天，领导开着车带我直奔招标公司的董事长办公室。经过一番软磨硬泡，对方答应给我们10分钟的时间。

进了董事长办公室，他一脸不可置信地看着我们，但是我领导开门见山地告诉他关于招标的事情还有一些想法，想跟董事长探讨一下。在这十分钟里，领导再次强调了我们在招标工作中所做的准备以及我们的案例等。去的时候正好接近中午饭点，所以结束的时候，领导邀请董事长一同吃饭。

到了楼下，对方看到我们开的豪车，像是找到了共同爱好般，以车为出发点开始聊，一直聊到了工作。就这样，不知不觉，我们一起吃了将近两个小时的饭，最后，我们成功拿下了这个大订单。

其实我一直有个疑惑，为什么能通过一顿饭就轻易拿下这个订单。领导告诉我说："其实拿订单和面试一样，你就把它当作是一次面试。虽然我们之前被淘汰了，但并不代表我们没有实力。为了拿到订单，就需要快速找准时机，向对方表明自己的目的。之前因为和招标单位的决策者之间缺乏沟通和了解，所以我们才落了下风。而今天，我直接跟他面对面讲，像朋友聊天一样，他自然而然就对我产生了信任。"

因此，关键时刻的谈判靠的一定是像朋友一样真诚地聊天，而不是单纯"秀肌肉"。

这件事情我一直记到现在，它对我最大的影响是：无论你和多么厉害的人在一起，都不要胆怯，不要放低姿态，时时刻刻把对方当作和自己平等的朋友。

该谈薪就谈薪，你出售的是自己的时间和工作能力，对方购买的是你的时间和工作能力，彼此完全是平等的。不要担心失败以后会怎么样，在与对方聊天的过程中，你需要预设自己已经拿到了这份工作，此刻双方只是在探讨具体工作该如何展开而已。当你以这样的心态和老板面谈的时候，你会发现一切都顺利了很多。

所以，和老板谈话的中心思想，就是要把自己和对方拉到同一个水平线上，眼界和格局要打开，不要拘泥于各自当下的身份，而要把眼光放长远，用合作的心态去聊天。

>> 提前"拿下"同事的小提示

有一些小公司没有专职的 HR，面试过程就是部门职员直接和面试者面谈。面试这样的企业时，聊天话术的重点要放在以下几点。

（1）业绩放在首位

你来公司是一定能够做出业绩的，因此还是以"总——分——总"的形式，讲清楚自己曾经的业绩和工作的方式方法，这样才能得到同事的共鸣与认可。

（2）展现工作态度

说明自己热情团结、工作态度端正，尤其喜欢帮助同事，喜欢和大家一起成长。另外，如果你跟面试官聊得比较合拍的话，甚至可以一起聊生活，一起吐槽。在讲薪资待遇这部分时，尽量让对方先报公司给出的薪资待遇基线，因为如果面试的职位和面试官相同，那么你报的薪酬过高，对方很可能直接把你"刷"下来，而不会考虑你的到来会给公司带来多大的营收和利润。

以上两点基本上囊括了和未来同事统一战线的整个过程。因为对于未来同事来说，他希望面试过来的人能够帮他分担工作，工作能力不要太强，毕竟大部分同事都不喜欢同一起点的人突然升职做了自己的顶头上司。

所以，同级别的人面试你的时候，面试的中心点就落在了建立统一战线上，你们聊得越投机，战线越统一，你拿到offer的可能性就越大。

▶ 人脉 + 资源，猎头找上门

猎头一般找的都是总裁、总经理、副总裁、副总经理、总助、区域负责人、联合创始人等高级别职位的人，所以猎头更加在意的是你的人脉资源关系，而不是你本身有多大能力。甚至你和猎头聊的时候，他几乎不关心你之前做过的项目如何、有多大成就，他更多的关注点在于入职后你能够为新的项目拉来多少投资、多少资源，能够嫁接多少人脉，能够做到多大的业绩等。

因为猎头主要对接的是"高精尖"人才，所以他的对接成本很高，不可能在过于细小的工作内容上浪费太多时间。

如果你特别渴望得到这份工作，但人脉和资源又不是特别强，那就要学会包装。其实这个包装是尽可能挖掘你过往的资源，罗列给面试官。

第一，将过往工作经历中接触过的高层人士一一罗列出来。

第二，以往项目中合作过的相关人士都可以描述成你商业交际圈的朋友。

第三，罗列有过项目接触的人，尤其是老板、职业经理人等，将你们之间的关系和合作细节描述得很清楚。

为什么要包装呢？

因为猎头的对接时效很短，他需要在短时间内了解清楚你的资源和人脉在什么行业、什么地位、是否可以出资、可置换的资源有多少等。提前准备好这些，在和猎头谈的时候你就能快速掌握主动权。

你的职位是总裁、总助、CEO等，你入职以后操心的事情就是为公司对接大型资源和大客户，而不是具体的某个账号怎么做、某个文案怎么写，因此大客户资源就是你的核心优势。

想要往更高层升级，你需要的并不是基础的工作经验和技术，而是资源、人脉及关系网。如果你现在还在基层或者中层，那就要有意识地去积累这方面的资源，否则和猎头谈，你没有任何胜算。

如果你想要向上社交，向上一圈层突破，就必须学会处处留意资源和人脉关系，并学会维护好它们。

第五章

卡好"关键点"，谈判更轻松

　　入职谈条件时，有许多关键点需格外注意，例如，如何巧妙地表达自己的期望薪资，何时询问五险一金，怎么问加班补贴制度……

　　面试时若能在恰当的时间点提出恰当的问题，入职过程将会变得轻松许多。

▶ 说清理由，提薪不愁

　　很多人面试时不好意思谈具体的薪资。比如，面试官问及期望薪资时，他们会担心说高了失去机会，但说低了又达不到心理预期。在谈薪资时，切记扭扭捏捏、顾左右而言他，应大方地表达出来。

　　在谈薪资待遇时，许多人容易犯错，导致失去心仪的工作。特别是以下三个误区，大家要规避。

第一，一味坚持高薪

　　一味坚持高薪可能会导致招聘单位人事成本过高，这会降低自身的竞争力，同时也可能导致同级岗位薪酬不平衡。高薪的给出主要基于用人单位的实力或对该岗位的期待值，而非仅仅基于个人能力。因此，是否坚持高薪应综合考量企业招聘要求及市场整体薪酬行情。

第二，认为只要拿到 offer，薪酬低一点也没有关系

为了达成入职目的，许多人在谈薪过程中盲目接受低价。然而，这样做容易导致日后心态不平衡，同时也会引起 HR 对你工作能力的质疑。

第三，不断调整薪资预期

谈薪过程中的状态也能反映求职者的性格、沟通能力以及工作方式。因此，不要在谈判过程中不断调整自己的薪酬水平。

那么，正式谈薪前需要做哪些准备？

（1）了解自己的市场定位

若有数年工作经验，可从招聘平台筛选出约 10 家同类型公司，汇总其工作内容、薪酬水平、企业规模及个人匹配度，制作匹配清单和薪酬调研表。匹配清单应涵盖岗位职责、任职要求及自我匹配情况。薪酬调研表则应包括公司名称、规模、工作内容、岗位描述的薪酬、期望薪酬及底线薪酬。

通过整理这些数据，你将对自己的市场定位有更清晰的认识。

（2）判断 HR 心中的薪酬区间

在与 HR 谈薪时，需了解薪资构成和工作内容，如薪酬是

固定还是底薪加绩效、绩效的发放标准、有无年终奖或其他补贴、五险一金的缴纳比例以及调薪制度等。还需关注工作内容，如岗位是否具备销售性质、是否需要经常出差或加班、是否被赋予管理职能等，这些因素都可能影响你的薪资水平。

（3）确定自己的理想薪酬范围

跳槽时，可参考以下原则设置理想薪酬：

①薪资涨幅 10% ～ 30% 是正常涨幅，具体涨幅可结合市场行情和自身实力判定。

②无责薪酬占比越大越好，即固定的无责薪酬部分比例越高越好。如公司开出的薪资结构为底薪（无责部分）2500 元，绩效工资 3000 元，补助 1000 元，则说明该岗位的薪资设定不够健康。

③要明确绩效工资系数及考核标准，避免用人单位通过"卡绩效"来降低实际薪资。

如绩效工资系数为 0.5 ～ 1.5（50% ～ 150%），绩效工资为 3000 元，则每月绩效工资区间在 1500 ～ 4500 元。关于绩效工资的考核标准，如每月完成 20 个新签客户为满额绩效，不足 50% 按照 50% 发放，超过 150% 按照 150% 发放，则绩效工资每月区间为 1500 ～ 4500 元。如果企业考核要求不足 50% 时扣除全部绩效工资，则需要慎重考虑。

完成以上三步后，你可将自身预设的薪酬范围与 HR 给出的预算进行对比，评估进一步沟通的可能性。若 HR 给出的薪酬与市场水平相差不大或更高，说明企业发展潜力不错；若远低于市场水平，则需及时止损，另寻目标。

在与 HR 谈薪资时，除了表达自己的薪资期望，还应尝试反向引导。以下提供三种场景及对应的回答公式和方法。

场景一：HR 询问期望薪资

回答公式：市场行情 + 过往经验 + 具体薪资 + 调薪期望。

回答模板一："其实我是了解过市场行情的，而且我个人也了解过该岗位目前在新媒体行业西安地区的平均薪资水平，综合过往经验，我的期望薪资是无责底薪 8000 元。"

回答模板二："根据您刚才介绍的公司薪资福利情况以及我上份工作的经验和能力水平，综合考虑下来，我个人的期望薪资是不低于 8000 元的。同时，我也很看重贵司的发展平台和机会，且该岗位也符合自己的职业规划，我个人非常希望能够有机会加入这个大家庭，也相信公司会给予我合理的薪资。"

场景二：面试通过但薪资不理想

回答公式：感谢公司认可 + 强调岗位匹配度 + 调薪期望。

回答模板："感谢公司的认可，首先非常感谢贵司对我个人能力的认可和建议，我个人也有意向加入咱们这个大家庭，但是结合目前的市场情况以及我对该岗位的理解，目前薪资这块与我个人的预期还存在一定的差距，而我过往的工作经验与该岗位的匹配度还是相当高的，在之前的工作中，我积累了相应的工作经验，也锻炼了新媒体短视频制作的能力和技能，相信入职后能够快速上手，为公司创造价值。如果还在预算内，还要麻烦您帮忙争取一下，当然薪酬也不是我面试这个岗位的唯一原因，如果实在达不到期望薪资，我也会仔细考虑之后给公司一个答复。"

场景三：HR 认为个人能力需提升

回答公式：认可公司判断 + 提出解决方案 + 强调岗位匹配度 + 调薪期望。

回答模板："贵司确实是一个非常优秀的平台，我也非常期待能够加入，虽然我对短视频版块的剪辑技能不是特别熟悉，但日后会在业余时间学习提升，提高工作效率，尽快融入团队，而且我过往的经验跟岗位比较相近，我可以快速上手，并不会产生很大的影响。我的个人预期是能够在原先薪酬的基础上再上浮 2000 元，还希望您这边能在公司允许的薪资结构范围内帮我再争取一下，感谢。"

以上三种方式都能帮助你清晰、有力地表达自己的薪酬基线。

▶ 面试官"不喜欢什么"更重要

很多人在面试被拒后，往往不清楚自己究竟哪里出了问题。其实，很可能的关键点在于，我们从未意识到企业在招聘中最看重面试者的哪些特质。那么，企业最喜欢什么样的面试者，又最不可能录用什么样的面试者呢？

根据我十多年的面试经验，我总结出了以下几个可以对症下药的要点。

在招聘的整个过程中，面试官必然会带有强烈的个人主观性。你的简历被"刷"下来，并不代表你不优秀。毕竟在众多简历中，一个岗位可能只招几个人，甚至一个人。面试官有时候会先凭主观喜好筛人。即使在大企业有严格的面试体系，面试官也经常因此错失优秀的人才。

作为一名面试官，我首先想向大家分享我最看重和在乎的是什么。

（1）工作是否频繁变动

拿到简历之后，我首先会查看应聘者过去的工作变动情况。为什么要先看这个呢？因为如果一个人在过去的时间里工作变动太频繁，那说明他的职场状态很不稳定。对于公司来说，员工的稳定性非常重要。企业会担心自己也会成为下一个被"换掉"的公司。一个员工从入职新公司到产生价值，大概需要三个月的时间，而不足三个月就离职的员工，对企业来说是巨大的支出。因此，频繁换工作是排在第一位的求职大忌。

（2）个人能力如何

个人能力分为两种：第一种是外在能力，第二种是内在能力。

外在能力在面试中直接体现在你的学校背景、过去的考级证书等方面。很多人说名校、证书、考级在职场上没什么用，但实际上，在那么短的面试过程中，你凭什么脱颖而出？面试官为什么对你有好的印象？当然得靠这些给予面试官判断的标准。在条件相同的情况下，面试官更倾向于选择有更好资历、更多凭证的应聘者。名校、证书代表你过去的经历，某种程度上，它是对你学习能力的一种认可。

内在能力是指你的工作能力，即你能为公司创造出多少价值。面试官会让你描述之前的工作流程、你取得的成就、在这个过程中你遇到什么问题、你怎么解决、公司如何配合、倾斜的资源有多少、你起到什么样的作用、有没有具体案例等。这些问题一方面是在考察你的职业素养，另一方面也在考察你的工作能力。一些面试者被问到专业问题时总是含糊其辞、顾左右而言他，一看就没有在这个领域深耕过，这种面试者是不会被录取的。

另外，我还有一个建议，就是大家在求职的时候一定要注意招聘方的需求和工作流程。如果你很想得到这份工作，那么面试的过程中一定要突出自己的专业性。你在面试不同公司的时候，可以针对不同的要求稍微调整一下简历内容，着重突出对方公司关心的部分，这样你被录用的概率将会大幅提高。

（3）态度是否端正

说到态度，其实在职场上坦诚就是最好的态度。你会就会，不会就不会，没什么大不了的。面试官问一些问题只是想知道你能不能做好。不会做的话以后加强学习、有针对性地提升这部分能力就是很好的态度。

我招聘过来的一些人条件并不是很好，但我觉得他们学习态度很好，是值得培养的。所以并不是说你不会，我们就否定你。如果你只是想凭借面试技巧说一些让面试官开心的话，可能一时能混得过去，但到最后真正要成绩、要考核结果的时候你就露馅了。这种心理落差对双方来说都非常不好。我面试过很多人，一些求职者特别圆滑，说自己什么都会，各种夸夸其谈、手到擒来，开口就是战略，闭口就是管理，但一被问到具体执行的过程就开始支支吾吾了。

讲完面试官看重什么，接下来讲讲面试官最不喜欢什么。虽说在入职之前一切皆可谈，但有些行为依然是不值得提倡的。

（1）坐地起价

什么是坐地起价？比如，我曾面试过一个运营总监，他的期望薪资在公司的预算之内，各种福利待遇政策等也都匹配，工作水平和技能都不错，属于双方都满意的情况，就等着我们给他发offer了。结果面试完几个小时他发消息过来要求涨薪，而且涨幅还不小，理由是其他公司给得更高。且不说其他公司给得更高是否属实，如果说他已经确定其他公司薪酬待遇更好、不愿意入职我们公司，他完全可以直接说明，而不是用坐地起价的方式来要求涨薪。这违背了面试的原则。

（2）随意放鸽子

一个公司对外招聘的职位只有这么多，答应你了就意味着其他的应聘者要被拒绝掉。有些面试者在双方都已经达成意愿后等到正式上班的时候却不来了，更有甚者等到上班的时候人不仅没来，HR打电话过去询问发生了什么事，得到的回答却是轻描淡写的一句"不去了"。我知道这可能在职场上是很常见的情况，这些求职者认为"还没有正式入职，是否选择入职是我的权利"。面试者确实有这个权利，但作为面试官我对这种行为是深恶痛绝的。因为在岗位有限的情况下，招聘一个人进来就意味着拒绝了其他人。所以这不仅是诚信的问题，也浪费了面试官的时间和企业有限的人力资源，甚至耽误了公司项目的进度。如果实在觉得不合适，一定要第一时间通知面试官，不要什么也不说直接选择不来。

因此，在面试时对症下药，规避面试官忌讳的部分，按照面试官和当前企业的需求关键点来谈，求职就会变得轻松许多。

》讲故事是一项强大的能力

可以说，这世界上没有人不爱听故事，而讲故事本质上也是成本最低且最有效的说服方式。

无论是推销产品还是面试，都可以用讲故事的方法去赢得对方的信任。所以，会讲故事，能让你在面试的过程中脱颖而出。

其实，故事能够吸引人，不仅是因为我们在听故事的时候能产生很强的代入感，更是因为我们能够通过故事感悟到很多事情。这也是很多历史事件都以故事的形式流传下来的原因。

综合我自己这么多年的面试经验，我认为，很多成功的面试都是通过讲故事来达成的。

比如，我们在面试时会说："讲一讲你过去的工作经验和经历吧。"很多人就开始介绍在这一家做了多长时间、做了什么事情；在另外一家做了多长时间、做了什么事情等。不仅讲述时过于平铺直叙，而且没有重点。

如果你用讲故事的方式来描述，就可以很快吸引对方的注意力。我面试副总裁岗位的时候，就是给老板讲了一个故事。我是这么讲的：

"那年我22岁，刚从大学毕业，其实我的专业是软件技术，但是阴错阳差，在临近毕业那一年，被同学拉到报业集团校招的面试现场，本想着玩一玩，但很有意思的是我竟然成了200多位同学中唯一一位被录用者，真是无心插柳柳成荫。

在之后的那一年里，我虽然从事着和自己的专业不相关的工作，但我学会了如何与领导打交道、如何高规格接待客户以及如何撰写头版头条文章，并且结交了不少的企业家朋友，我觉得自己其实挺厉害的。当然，这中间也有很多运气的成分，但是奇怪的是，我的运气似乎永远都在，因为离开报业集团以后，我又进入了一家500强企业，而且是第一次面试就被当场录用。

那时候我觉得是运气，但现在细细想来，运气是由无数个实力凝聚而成的。我自己也在最近作过总结，最后我认为，其实是实力让我屡次获得成功。因为我清楚地记得去面试报业集团的那天，我偷偷准备了一份精美的简历，恨不得把自己平生所有的荣誉都写上去。我还特意穿了一件大人的衣服，虽然显得过于成熟，但被录用了就是好事，而且我成了那唯一的被录用者，的确是值得骄傲的事情。

在我面试 500 强企业的时候，我也通过自己敏锐的洞察力，把简历直接送到负责人的手上，成为当天唯一被邀约面试并成功入职的人。

这些足以说明，我其实是用实力征服了面试官，所以我觉得自己很适合这份职业，因为这份工作同样要求我具备专业的知识，以及和各部门协调、与企业家打交道的能力，这些能力都在我之前的工作经历中被培育成熟了，我相信我依然会延续之前的好运和实力，您觉得呢？"

通过这一番故事的输出，大部分面试官都会对我的经历和未来充满想象，并且愿意让我成为他们中的一员。

希望我的故事也能够给你一些启发。

》 如何反向突破"35 岁魔咒"

"35 岁职场魔咒"是一个广为流传的说法，它让许多人相信，35 岁的职场人面临着一个不可避免的结局——被辞退。这种观念导致"35 岁焦虑"成为几乎所有职场人都必须面对的问题。

在我二十几岁的时候，就曾被铺天盖地的"35岁职场卡壳"类文章所困扰，它们让我无比焦虑，甚至觉得自己35岁时也会成为被辞退的那一个。然而，当我真正到达35岁，并幸运地晋升为CEO时，我才明白，所谓的焦虑，其背后的危机和机会是相辅相成的。

你究竟是在35岁隐入职场尘烟，还是步步高升，其实取决于你的就业环境和行业的变化。但在此之前，我们不得不承认一些残酷的现实：在时代的洪流中，我们有时无法自主选择，只能被经济或时代趋势所裹挟。就业危机袭来，我们每个普通人都无法逃避焦虑，但我们也不应给自己过多压力，因为社会在给你带来危机的同时，也会带来机会。

很多人到了35岁，要么升入中高层，要么仍在与年轻人竞争基础岗位。其实，基础岗并不代表你的职场没有竞争力。相反，到了一定的年纪仍在基础岗，说明你在这件事情上比年轻人拥有更多的经验和沉淀，这就是你的优势所在。

因此，在面试时，如果被面试官问到"和年轻人相比，你的优势在哪里"，我们完全可以列出相关的经验，来赢得面试官的更多信任。

我曾招聘过一个直播运营的基础岗位，但来应聘的年轻人没有一个留下来。最后，我们录用了一名36岁的男士。他最打动我的地方是他没有在意自己的年龄，而是专注于专业领域，把自己的职业优势完整清晰地表达了出来。

关于自己为什么没有升上管理岗，他说他喜欢做更具体的事情，不太擅长管理，所以一直在这个岗位做了五六年。因此，他对这份工作的流程非常熟悉，能够非常快地进入工作节奏。

在薪资要求方面，他比没有任何经验的小白多拿一些，但比管理岗低一些。整体上来说，我非常愿意录用他，主要有以下几个原因。

①这个年龄段的人会在工作上更加用心。

②他们对待工作会有更多的理解和想法。

③他们会更加稳定和专注。

前面讲过，一个企业招聘一个员工直到他发挥价值，大约需要三个月。年轻人或者小白很容易受到一点挫败就离职，导致企业的人才培养成本过高。而拥有一定年龄积淀的人会更加稳定，能大大减少人才培养支出。

所以，如果你也是35岁以上还没有做到管理岗的职场人，面试时可以着重强调自己以下几点优势：稳定、专业、专注、进入工作更快、能担责任、关键时刻能带团队。只要讲清楚以上几点优势，那么被录用就是水到渠成的事情。

▷▷ 这样做，无缝跨行并不难

大部分人再次找工作会选择自己从事过的行业，认为跨行业就意味着从零开始。很多面试者都向我阐述过这样的逻辑，但其实我并不认同这一点。我有至少五年的时间在乙方公司工作，在这个过程中，我接触到的行业多达二十个，几乎每一个行业我都可以无缝跨入。

跨行的关键点就在于对行业本身的认知有多少。很多人无法快速跨行，就在于过分高估了不熟悉的领域的难度。

以我自己为例，我大学学的是软件技术，正常来说，毕业后应该会成为一个程序员，但从毕业开始我就跨行了。我最早是在报业集团做传统纸媒编辑，之后进入建筑行业做了三年多，又从建筑行业跨行到新媒体公关行业。可以说，这三个行业之间都有着完全不同的行业逻辑和专业知识，但我都非常轻松地跨入了这些行业。

我是如何做到无缝跨行的呢？我认为以下几点是我做对了的事。

（1）认同行业前景

从编辑跨行到建筑行业时，我主要向面试官传达了我对行业未来前景的看法。我告诉面试官，这个行业未来多年都是朝阳产业，而我很希望在这个行业得到发展。这其实就是在和他进行同频，让他认可我对行业发展方向的判断。

（2）认同企业发展

我表达了对公司未来前景的认同。面试时，我表达出，在所有的同类型企业中，当前公司的发展前景和它的企业规划是最合理的。在此之前，我查阅了这家公司的股权结构、分公司开设时间以及地点、人员配备等资料，所以在面试的时候，我能够清楚地说出我对企业未来的一些看法。很多人即便是不跨行，也不会去研究所面试公司的行业前景，以及公司本身的股权结构、人力资源体系、项目进度等。所以，如果你能在面试之前把这些都搞清楚，说明你认真负责、足够努力，也会给面试官留下非常好的印象。

（3）表达期待

如果你过往的工作经历和当前岗位跨度太大，完全没有相似点，你可以表示"虽然我的专业和过往的经验与这份工作没有特别明显的相似之处，但是从过往的工作中我学到了坚持和努力做事的态度，学会了非常优秀的工作汇报方法，并且我能够很好地团结同事、融入工作，我很期待这份工作的展开"等内容。

这些都是我从过往工作中总结出来的。其实，当我说出这些内容的时候，面试官基本上是非常认可的，因为前面两点已经佐证了我第三点所说的几乎所有优点。

面试官往往会把跨行求职者当作零经验的小白来对待，那么在零经验的基础上，如何让对方愿意为你支付高薪资呢？这就要从你展现出来的精神风貌、专业技能、态度以及你是否能够快速进入行业开展工作等方面来做一个综合评判。如果你足够努力和热爱行业，无缝跨行就会变得很简单。

≫ 你以为的 vs 面试官想考验的

在面试时，面试官问的每一句话可能都有一定的意图，你要做的是深刻理解他的每一句话，不要急于回答。

我在外企到第二轮和部门经理面试的时候，他问了我一个很有意思的问题。他说："一个完全不懂互联网的人，请问你如何向他解释什么是新媒体运营？"

听到这个问题，你是否会觉得面试官想考验我对行业的理解，或者对某个概念的认识？其实不然！这个问题看似简单，实则暗藏玄机。也就是说，你必须看透问题的本质才能够准确回答。

经过短暂的思索，我意识到他提出这个问题，实则是想考验我以下几种能力。

（1）沟通能力

向一个不懂互联网的人解释互联网的概念，这需要良好的语言组织能力和将概念化问题快速概括的能力。如果沟通能力欠缺，就不可能精准表达这些概念。

（2）逻辑能力

逻辑能力就是将问题条理化的能力。有些人解释一件事时絮絮叨叨很久，听者依然抓不住重点，而逻辑能力强的人则能将任何事情都条理清晰地表述出来，比如按照1、2、3……的顺序，每一个点都按照树形结构进行讲述，这样听者很容易就能理解。有条理的表达，正是逻辑能力强的表现。

（3）换位思考能力

换位思考就是站在对方的角度思考问题。面试官问这个问题，无疑是想了解，如果我是一个不懂互联网的人，我希望别人如何向我讲述，才能帮助我快速并且顺利地理解这个概念。换位思考的能力也是企业考核员工的重要指标之一。

（4）破除信息茧房的能力

什么是信息茧房呢？举个例子来解释一下：如果你是一名互联网运营人员，在听到"GMV""ROI""KOL"等词汇时，你会很容易理解其对应的中文概念为"销售总额""投入产出比""关键意见领袖"。然而，对互联网完全不懂的人，即使你说的是中文，对方也可能一头雾水。你可能会觉得已经用中文解释了字面意思，怎么还会有人听不懂呢？其实这就是信息茧房效应。而破除信息茧房的能力，就是用通俗易懂且不带行业特性的词汇向他人传达你想表达的含义，这是一项非常重要且很有挑战性的能力。

在深度思考并理解了面试官的意图后，我是这样回答的：

"新媒体运营这个岗位，就像一个家庭的管家，比如我们有一个大庄园，有管吃饭的，有管卫生的，还有管出行的等。那么这么多人，肯定需要管事的人，管家就承担着这个职能。对应到新媒体行业，管家就是主管，具体做事的叫专员，也就是互联网平台上的运营人员，管用户的叫用户运营，管内容的叫内容运营，管产品的叫产品运营。所以，新媒体运营这个职位就是，在新型媒体这样的载体上，对某一个部分（比如产品或者内容）进行具体的操作。如果是产品运营，就是对产品进行拍摄、上架、修改、下架等。"

假如你回答的是诸如拉新❶、转化、私域、成交等专业词

---

❶ 拉新，营销用语，通常是指吸引新用户的行为或活动，拉新的目的是吸引潜在用户，让他们对产品、服务或品牌产生兴趣，并促使他们成为实际的用户。

汇，那么可能就难以达到面试官想要的效果。

因此，厘清问题的本质比回答问题本身要重要得多。我们需要深度理解面试官提问的背后深意，而不是流于表面。要明白，没有任何一个面试官会问毫不相干的问题，你需要抛开问题本身去回答，这或许才是问题的真正答案。

第六章

转行不难，转岗不怕

很多人会因为行业或者个人职业断档等原因，选择转行或者同单位转岗，转行其实就意味着之前的所有行业经验归零，是需要慎重考虑的。

当我们的确需要转行或者转岗的时候，掌握好有效的应对技巧就很重要了。

>> 无经验转行，简历这样写

如果你没有相关的工作经验，但希望转行到新的行业，一定要在简历的撰写上展现出与同行业求职者的不同。

我从500强集团转到互联网新媒体行业，这算是跨度相当大的转行，因为两个行业几乎毫无关联。但我的整个转行面试经历却异常顺利。那么，我是怎么做到的呢？以下给大家几个建议。

（1）拿出底气，能力为先

很多人因为没有行业经验，在转行投递简历时可能会底气不足，生怕自己被面试官直接刷掉。但其实，如果你连跨行投递简历的勇气都没有，那就可能会失去很多原本属于你的优秀机会。

尽管你可能没有直接的当前行业经验，但你可能具备与目标行业相关的技能和能力。在简历和面试中，要突出强调这些技能，并提供具体的例子来证明自己的能力。例如，你想转行到市场营销领域，你可以强调你的沟通能力、分析能力和创造力。

我最早是在建筑行业里做一些销售类或编辑类的工作。后来我转行到新媒体行业，属于无经验转行。于是，我在写简历时着重强调了自己在之前工作中积攒的工作习惯和技能，比如我会突出自己的谈判能力和销售文案能力。最终，我就靠着这两个技能快速赢得了 HR 的青睐，获得了工作机会。

如果你有与目标行业相关的学术背景或接受过相关的培训，一定要在简历中突出这些经历，并展示你所获得的知识和技能如何应用在新行业中。比如，你之前在企业中有地推销售经验，那么到了新行业，只要涉及市场和营销领域，这些技能都是通用的，也是你进入新行业的敲门砖。

（2）展示你的学习能力

一个人能不能转行成功，关键因素其实不是你的行业经验，而是学习能力。因为行业经验可以通过学习来获得，但学习能力却是决定你能否快速熟悉新行业的关键能力。简历中要强调你的自学能力和适应新环境的能力，着重向面试官介绍你是如何通过学习或其他方式获取与目标行业相关的知识和技能的。这将会是面试官判断你进入新行业后能否适应并胜任工作的一项重要指标。

（3）展现你的热情与激情

这可是一个相当重要的因素。没有人会拒绝一个对新工作充满激情的同事。无论对方是同事还是老板，只要你表现出积极的工作热情和对新环境、新行业的憧憬和喜爱，都能在一定程度上感染到对方，从而顺利拿下转行 offer。那么，这一点如何在简历上呈现呢？比如，我从建筑行业转行到新媒体行业时，在个人评价中这样写："我深入研究了新媒体未来的趋势与发展情况，对新媒体行业充满热情与激情。我深信自己未来能够帮助公司完成营销类工作，并且能够全身心投入工作中。"

以上三点，是转行简历中需要着重强调的内容，缺一不可。一份清晰、明确、重点突出的简历，是打动面试官的重要一环。

》 转行，你准备好了吗

如果你没有相关的技术或能力，又希望能够快速获得面试机会，那就必须做到一点：永远相信自己。只有抱有强烈的自信，你才能打动面试官。

那么，如何培养自己的自信呢？给大家几个建议供参考。

（1）快速学习新行业知识

进入一个新的行业，想要快速让面试官认可你的工作能力和潜力，仅仅依靠虚无的承诺是不行的，还需要有一定的学习成果来证明，比如在和面试官面谈时能够说出一些自己对行业的见解。你需要通过学习和培训来快速获取新行业所需的技能和知识。可以考虑参加相关的继续教育课程、在线学习、自学或专业培训，这些都可以很好地提升你的技能水平，并帮助你做好转行或转岗的准备。

我自己在转行前，只用了不到一周的时间就把新媒体行业的趋势和当前的现状了解到了一定水平。我是如何做到的呢？其实很简单，只需要做到以下两点：

① 先筛选出有关当前行业的 10 ～ 20 篇媒体报道并通读，记录要点。

② 在网上找出当前行业有关的 10 ～ 20 本书籍，罗列图书的目录，并快速阅读大纲，记录要点。

如果其中某些要点是面试企业的主要业务，你可以着重阅读。

综合以上两点，你很快就能掌握最新并且最权威的行业动向、行业痛点及解决方案。和面试官聊天的时候，如果你的眼界、格局以及对未来趋势的判断超过了行业中的一些人，就很容易赢得面试官的信任。这也是快速进入一个新行业的方法。

（2）考虑入门级岗位

如果你对新行业的运作方式和方法等都知之甚少，那么考虑申请入门级岗位或与目标行业相关的初级职位或许是一个不错的突破口。这些职位基本上不需要丰富的行业经验，同时又可以提供机会让你进入行业并逐渐积累经验。

虽然获得的报酬可能比转行前少，但这是快速进入新行业的最简单的一步。当然，如果你有足够的学习能力，那么相信用不了多久，你就能取得不错的成绩，同时获得升职和加薪的机会。

不要怕入门职位太低，只要你做好转行准备，就一定要快速调整心态，适应变化。转行时没有相关的技能和能力确实会增加挑战难度，但这并不意味着完全没有成功的可能。

（3）抓住行业需求和机会

某些行业可能对转行者更加开放，有更多的机会提供给没有直接相关经验的人。你可以研究目标行业的需求和趋势，寻找对转行者友好的领域或公司。比如我在从事互联网品牌推广这个行业时，之所以能很快转行成功，就是因为这个行业门槛低，并且对无经验者有较强的包容性。

如果你想要转行的行业对专业性要求较高，比如律师、金融等需要相关证书的行业，就必须慎重考虑，你可能需要考取相关的入门资质才能进入。

最后也是最重要的一点，就是不要给自己设限。很多名人也都是通过转行才让自己的人生变得精彩的，比如马云，他曾经是一名英语老师，但转行到互联网行业并创办了阿里巴巴，一跃成为中国互联网行业的领军人物。再比如陈春花，她曾经是一名大学老师，后来转行到金融管理咨询行业，现在是中国知名的企业管理专家。

名人的例子数不胜数，就不一一罗列了。总而言之，转行除了要做相关的准备以外，做好心理建设也是其中重要的一环，要真诚地相信自己可以做到。

▶ 不会做，你愿意学习吗

面试者在转行或者转岗的时候经常会遇到自己不是特别熟悉专业知识，但又想要得到这份工作机会的情况。这时，很多面试官会问："不会做，那你愿意学习吗？"这句话传达了什么信号呢？

第一，这句话是在传达企业需要一个有学习能力和潜力，可以随着企业的发展一起成长的人。表面上是面试官在征求你的意见，实际上这个问题本身就给出了答案，但面试官想看到的是你的果断和对新知识的追求，以及对企业的一种认可。

第二，这句话可能是在暗示你，你所申请的职位需要一些你目前不具备的技能或知识，但他们愿意提供培训或学习机会，这也说明企业本身具有完善的培训机制和培养员工的能力。

本质上来说，这句话是公司在考察员工的态度，即愿意给予员工成长的空间和机会，只要你表现出学习的意愿和努力，这也是一个积极的信号，表明公司重视员工的个人发展和成长。

在这种情况下，你一定要回答："我非常愿意学习。"

其实，无论面试官的意图是什么，你都应该积极回答愿意学习，并强调你的学习能力和态度。这能让面试官看到你的积极性和适应性，能大大增加你获得职位的机会。

我能快速入职外企的主要原因，就是在被面试官问到是否愿意学习新技术时，毫不犹豫地回答："没有问题，非常愿意。"大企业、外企以及一些有实力的中小企业都对培养人才和储备人才有需求，因此，求职者回答的时候要注意语气诚恳，要能让对方看出你的真诚，这样你的求职之路会顺利很多。

当面试官询问你是否愿意向上发展或学习新领域的知识时，这通常意味着公司对你的个人能力相当认可，但认为在专业技能方面你还有一定的提升空间。公司愿意给予你这样一个机会，同时也期望你能把握住这个机会，通过学习和努力不断提升自己的能力和技能，以适应岗位的需求，并为公司的发展作出贡献。

≫ 转行 or 转岗，可迁移技能为先

首先，我们来聊聊转行。

当你准备进入一个新行业，并且直接担任管理岗位时，如何展现你的管理能力呢？

许多企业在招聘管理岗位时，都希望应聘者能在行业内拥有一定的资源和人脉关系，以及至少有 3 年的行业经验。但对于跨行业应聘者来说，该如何展现自己的管理能力呢？这需要你在与面试官沟通的过程中，清晰地阐述你在其他行业中的经验如何快速迁移到新行业。

你需要找出一个与本行业相关的可迁移技能，比如销售谈判能力、文案撰写能力、团队建设能力等。这些类型的工作技能并不专属于某个行业，即使是转行或转岗，你的能力仍可

以直接使用，并不需要花时间重新积累。所以，这部分技能在与面试官面谈时要放在首位。

不久前，我刚面试了一位市场总监。在此之前，他一直从事护肤品销售工作，但到了我们这里，行业发生了很大变化，我们对接的都是互联网大品牌的电子产品，如打印机、高级蓝牙音箱等。由于产品类目和受众完全不同，我很担心他空降后不能快速把控公司在市场营销方面的方向。不过让我惊喜的是，他在面试之前就已经了解过我们公司经营品类在市场上的人群定位以及产品的销售模式。结合他过往在市场营销领域的推广经验，他很快就规划出了接下来我们要做的市场盈利模式。我毫不犹豫地录用了他，事实证明，他也的确没有辜负我的期望。

在面试时，他一直在强调的并不是上一份工作中自己是如何搞定客户的，而是告诉我他如何将以往搞定客户的方式用在新行业中。这两者有着天壤之别，仅此一项，就打消了我对跨行业管理者的顾虑。

如果你也是一名管理者，正好需要跨到新的行业中去，那就尽量舍弃自己的老经验，而把可迁移技能作为新行业的立足点，由此引申出自己新工作的开展步骤和过程，这能快速获得面试官的肯定。

当然，如果你面试的是一个基层岗位，没有相关经验很难获得工作机会，也是同样的道理，把可迁移的技能当作万能公式带入新岗位即可。

那么可迁移的技能都有哪些呢？

（1）沟通能力

在一个团队中，沟通能力几乎是所有能力中最重要的，我们常见的销售和管理岗等，能够快速和其他人达成一致意见并获得他人信任，都是沟通能力强的表现。

（2）写作能力

各行各业，无论业务形式如何，都离不开文案输出，有写作能力的人，无论产品是什么，总能快速抓住重点，并用符合行业要求的文案形式输出，这是很多人都不具备的能力。如果你在写作方面有一定的造诣，那么文案以及相关策划岗位的工作你会得心应手。

（3）学习能力

学习能力是一个很抽象的能力，对于新行业，你能通过简单了解就说出一些个人见解，说明你是学习能力强的人。学习能力是衡量一个人能否快速转行并入行的关键因素。

（4）团队合作能力

任何一个人融入新集体，都需要和相关的同事搞好关系，快速推进工作，所以懂得团队合作、不抢功、不扎堆、不搞派系站队，和周边人一起把事情做好的人，才是老板想要的人才。

面试的时候，以上几种能力是各行各业的人才都需要具备的。转行的时候着重强调以上能力比干巴巴地陈述过往经验要重要得多。

接着，我们来聊一聊转岗。

如果在企业内需要从一个岗位转到另一个不相干的岗位，很多企业的处理方式是把待遇调整为和岗位新人一样，有些甚至要重新计算试用期。那么，转岗时如何快速获得内部 HR 的认可，以及如何突出你的技能和能力呢？

内部转岗基本不需要重新投递简历，只需要填写一张转岗申请表即可。在转岗申请表中需要注明自己转岗的原因，以及能否胜任新岗位的职业要求。转岗原因这部分最好不要写"不喜欢原岗位""不喜欢原领导"或者"原职位薪酬低"等主观原因，可以写"更愿意向另一个方向发展自己的能力"这样的理由。

比如我们运营部曾有一个主播转岗到了达人商务运营，从一个直播间的专职主播，到需要有大量达人资源并能对接达人团队的达人商务运营，职业跨度相当大，但她转岗后几乎没有过渡期，直接就能上手操作。

　　原因是在转岗之前，她的工位和达人商务运营岗在一起，所以该岗位的运营步骤以及方法方针，她都耳濡目染有所了解，并且有空时也会帮助达人商务招募达人或者筛选达人，因此，她个人也积累了大量的达人资源以及对接技巧。在原达人商务运营离职后，她快速申请转岗，并通过了各部门相关领导的审核。

　　在转岗时，你对新岗位的了解程度以及个人本身具备的技能是领导最看重的。

　　综上，无论是转岗还是转行，可迁移技能都应优先展示。在此基础之上，加上自己对新工作、新岗位的了解，才能快速打动面试官，拿到新 offer。

第七章

大型企业"跳着进"

　　说到大企业面试，很多人既兴奋又害怕：兴奋的是自己能有面试机会，而害怕的是大企业过于严格的筛选，担心自己会被刷下来。本章将根据我面试 500 强企业的经历，向大家分享一些面试经验。

▷▷ 大型企业，"大气"简历

　　大企业在面试时多采用"群面"形式，即多名应聘者同时面试。这种方式能迅速筛选出合适与不合适的人选。

　　这时候，写简历就一定要特别简单明了，用具体的数字化成果来展示自己的优势、长处及项目结果，避免冗长啰唆，尽量做到言简意赅。简历的具体写法在前文已有详述，此处不再重复。

　　不过，在写大企业面试简历时仍有一些需要特别注意的地方。大企业的要求和常规企业要求不大相同，我们除了展示基础内容外，还必须与常规企业面试简历有所区别。以下是一些改进建议。

（1）突出重点

　　简历应突出你的关键技能、经验和成就，将最相关和最重要的信息置于显眼位置。比如我在面试时会写：

"新媒体运营能力强：通过3个月时间，帮助企业达到2000万元GMV；账号孵化能力强：3个月时间孵化6个带货账号，单个账号成交额均在500万元以上。"

注意，这里所有数字均采用阿拉伯数字，而非中文数字，因为阿拉伯数字更具视觉冲击力，能迅速吸引面试官的注意。同时，数字化的描述也能让面试官快速了解你的能力水平和薪酬预期。

（2）简洁明了

简历要简洁明了，不超过两页，使用易读的字体和格式，如宋体和黑体，避免使用花哨的艺术字体。

如果可能，尽量将重要信息集中在一页纸上，最多不要超过两页。很多人在简历中会附带所有获得的证书等，但面试官面试时通常无暇查看这些，只需在简历中简要提及即可。正式入职时才会要求提交相关资质证书。

（3）针对性强

根据不同的职位和公司要求，有针对性地编写简历，突出与该职位相关的经验和技能。

如果你要面试的是文案岗位，那么就要重点描述你在文案方面的造诣和工作经验，与文案不相关的其他工作经验无须提及。因为对其他工作经验的描述，虽然看似能显示你的工作能力较强或接触面较广，但实际上对面试官来说却是干扰项。你只需围绕所要面试的岗位及相关岗位进行描述，完全无关的技能能删则删。

（4）数据支持

在简历中提供具体的数据和成果，以证明你的能力和成就。这一点在前文的简历写法中有详细描述，大家可参考。

（5）语言规范

使用规范的语言和拼写，避免使用口语化或模糊的表达方式。

在展示自己的工作经验以及个人优势时必须使用书面语，切忌过于宽泛的口头语描述。比如"我曾在3个月的时间内就卖了500万元的货"，若改成"3个月内完成500万元销售额"，会显得专业很多。尽可能减少使用多余的人称和代词等。

（6）职业目标

在大企业面试的时候，除基本的介绍以外，还需要写上自己的职业目标，或者在该企业中3～5年的职业规划。

大企业的晋升空间往往很大，因此可以简要地描述自己的晋升要求，说明你是一个有长远规划的人。当然，这里的晋升不仅仅是职位的变化，更是个人职业水平的提升。

（7）自我评价

自我评价和个人优势的写法不一样，自我评价不是优势的罗列，而是要映射到入职后你能为公司带来的利益当中去。

比如，不能写"我是一个负责任、认真、勤快、热情的人"，这样的自我评价是没有任何意义的，可以换成这样的写法："在跟进项目的过程中会从一而终，从头到尾监测数据，确保数据不遗漏、不出错，所有工作节点都会及时汇报给直属领导。"

这样的自我评价通过具体的工作内容向面试官传达了你是一个认真、负责任、勤快、热情的求职者。只是换了一种说法，就从空洞和生硬变得具体和生动了。

另外，简历最好从上至下写成横版格式，不要使用左右结构的竖版格式。这样一份合格且"大气"的大企业面试简历就完成了。

》这样做，你也能被破格录用

大型企业往往需要高学历人才，当我们学历不够，又非常向往进入大企业时，该怎么做呢？

要让大企业破格录取你，你需要巧妙地展示你的优势和特点，使你的简历和面试表现脱颖而出。为此，在面试之前，你必须做好充分的准备，才能达成"万事俱备，只欠东风"的良好局面。那什么是"东风"？就是你能收到面试邀约，并顺利通过面试官的考验。具体的一些准备如下。

（1）提前研究公司

在申请职位之前，深入了解公司的文化、业务和企业价值观，以便在面试中更好地和面试官深入交流。

关于研究公司以及项目，有一件事情我印象特别深刻，那时我初入职场，有一次在协助面试时，老板对会议室里数十个面试者说了句："谁能三分钟内讲清楚我们公司和项目的具体运作模式，我给他底薪加3000元。"

可惜的是，在场没有一个人回答得上来。由此可见，如果大家面试前没有研究公司以及业务内容，极有可能会失去赢得老板以及面试官信任的绝佳机会。

（2）突出你的优势

无论是在简历中还是在面试时，都要突出你的优势和特点，例如技能、经验、项目成果、领导能力等。

但针对大企业，如果你面试的是基层岗位，可以把个人的岗位具体业务内容所对应的技能写详细，如果是管理岗，那就着重描述个人的管理能力所对应的业绩结果，其他不相关部分尽可能弱化，因为大企业更注重基层员工的实操能力，而管理岗更注重团队业绩结果。

（3）准备好案例

大企业由于每日邀约面试的人数较多，所以不会给面试者太多时间详细描述内容，面试官都是通过案例来快速了解你的能力，所以提前准备好案例，并且在面试官询问之前就把案例展示出来，会给面试官留下你做足了功课并且十分重视此次面试的好印象。

（4）"真诚是必杀技"

适当地和面试官聊一些与生活相关的事，可以拉近彼此的距离。真诚而友善的态度会让面试官对你产生信任感，从而增加你入职的可能性。

必要的时候，如果和面试官是同乡或者校友等，还可以拉拉家常，以增进关系。其实大企业的面试官也没有想象中那么"高冷"，他们同样会被真诚的态度打动。

（5）主动进攻，把握主导权

任何时候都要表现出自己的主人翁意识。不要事不关己高高挂起，要尽可能多地关注和当前企业相关的一切。比如，在面试时提出自己的看法和相关建议，大胆去提，不要怕被说管得太多。其实，大企业最喜欢的职员类型，恰恰是有主人翁意识的人。

总之，要让大企业录取你，你需要与众不同，并展现出一定的学习能力和热情。这是大企业最看重的优点。在薪资待遇和上班时间上不要过于纠结，因为大企业都有一套完善的体系。他们要么会在现场直接告知你这些细节，要么在面试结束后会统一发邮件通知你是否录用以及录用的待遇等问题。因此，想要被大企业破格录用，以上几个关键点要牢记。

≫ 巧妙加大沉没成本

在大企业面试，尤其是面试经理级以下岗位，决定你能否入职的基本上就是 HR，所以搞定 HR，你就搞定了入职。

如何让 HR 在同等条件下录用你呢？方法就是让对方付出足够的沉没成本。而加大沉没成本的方法主要有两点：一是让对方多输出，二是让对方对你印象深刻。

让面试官多输出的方法有很多，前面章节已有详细阐述，这里我再针对大企业的偏好给大家一些针对性的建议。

（1）多提出开放性问题

你可以提出一些开放性问题，例如，"您认为这个职位最重要的技能是什么？"或"您对公司的未来发展有什么看法？"这可以让面试官有更多的机会表达自己的想法和观点。

是不是觉得这个问题应该是 HR 问面试者的呢？其实给 HR 提一些问题也能侧面反映你的提问水平，而开放性问题不至于让对业务线不熟悉的 HR 答不上来，也能更好地引导对方表达自己的见解，有利于你在后续的沟通中把握住 HR 更关注的部分，从而让整个面试过程更顺利。

（2）适当引导话题

你可以通过引导话题来让面试官多输出。例如，你可以提到一些与公司或职位相关的话题，然后询问面试官的看法。你可以这样问："那公司如何界定绩效和奖金的比例？"

通过这个问题，你既可以快速得知公司的绩效奖励机制，也能看出 HR 对你的态度。如果 HR 乐于阐述，那就说明他对你比较满意，入职的可能性会很大。

（3）随时表现出兴趣

表现出对公司和职位的兴趣可以让面试官更加愿意与你交流。你可以询问公司的文化、业务和未来发展计划等方面的问题，这可以让面试官有更多的机会向你介绍公司的情况。

如何具体地表现出兴趣呢？最好是能加入一些自己调研后的数据和竞品之间的差异点等，以探讨的态度来交流，效果会更好，而不只是干巴巴地提问。

（4）保持积极的态度

在面试中，保持积极的态度可以让面试官更加愿意与你交流，你可以对面试官的回答表示赞同或提出自己的看法，这可以让面试官感到你对他们的回答很感兴趣。

最好的方法就是，全程微笑并注视对方，时不时点点头表示赞同。对方会很有成就感和被尊重感，你们之间的谈话就会顺利很多。

（5）做忠实的倾听者

注意倾听面试官的回答，这可以让你更好地理解他的观点和想法，你可以通过提问或回应来表明你对他的回答很关注，这可以让面试官更加愿意与你交流。

如何表现出自己在倾听呢？那就是不仅要注视对方，还要适时点头或者附和，并加上一些相同的事例或者观点来表达你的赞同，这会让对方觉得你是一个忠实的倾听者，而愿意给你更多机会。

总之，面试官输出得越多，那么他对你的印象就越深刻，他的沉没成本也就越高，沉没成本越高，他录用你的概率就越大。

》 事前攻略，才能绝对超越

很多人在面试前只知道企业的名称和地址，对企业法人、组织架构以及面试官的情况一概不知，这就导致自己在面试的过程中常常处于被动的位置。

如果能够提前了解整个企业的发展现状、所要面试的岗位配置以及招聘需求，在面试中就能够游刃有余。如果你还能够对 HR 本人有一定的了解，你的面试成功率将会大大提高。

为什么要提前了解面试官以及企业的这些情况呢？

这里我想起了多年前在一家人力资源公司面试时的情形，当时对方公司的产品是一款帮助企业快速招聘人才的软件。

HR 在面试时问我："你觉得这款软件会好卖吗？"

我回答："肯定非常好卖，首先，到目前为止，中小企业的占比达到了 90% 以上，而我们的产品针对中小企业设计，只要能拿下市场 1% 的份额，每年的营收净利润也能做到将近 1 亿元。其次，我们的产品目前在市场上几乎没有竞品，在推广方面如果能做到快速和准确，那么三年内 IPO 上市一点问题都没有。"

对方在听到我的回答以后，非常满意地点头。我面试的是市场经理职位，而入职后老板给我安排的是市场总监职位。

从经理到总监，至少高一个职级，靠的就是我提前研究清楚了公司以及业务的定位和市场情况，被录用是水到渠成的事。

提前做好攻略，了解企业的背景、业务、文化和发展方向可以帮助你更好地理解职位的要求和公司的期望，从而更好地准备面试，也能提高自己的自信心，让你在面试现场更加自信和放松。

当然，由于你已经对面试企业有了一定的了解和准备，在面试中也能快速和面试官拉近距离，虽然是第一次聊天，但整个谈话过程会因此变得很轻松，这可以为你的入职加分不少。

我们先来讲讲如何快速了解企业的情况，以下几个渠道可以作为参考。

①官方网站：从公司的官方网站了解企业的发展变革历史、业务范围、产品或服务、公司文化、价值观和发展方向等信息。

②社交媒体：查看公司的社交媒体账号，比如抖音号、微信公众号等，了解公司的最新动态、活动和员工文化等信息。

③行业报告：查阅相关的行业报告和研究，如果是科技公司，那么就在36氪、虎嗅网、艾瑞网等相关网站了解公司在行业中的地位、市场份额、竞争对手和发展趋势等信息。

④员工评价：很多求职者不知道的是，有很多求职软件或

社交平台是可以查看员工评价和口碑的，如职友集、知乎等。在这些求职软件上，求职者可以了解公司的工作环境、福利待遇、管理风格和员工满意度等信息。

⑤招聘信息：查看公司的招聘信息，了解公司对人才的要求和岗位职责，从而了解公司的业务和薪酬待遇情况。

如果企业只招聘一两个职位，你就要小心了，说明公司的业务状况或者项目本身可能出了问题。正常的大企业常年招聘，且招聘数量较多。因此，提前了解这一条很有必要。

⑥面试前沟通：如果有机会，可以与招聘人员或面试官进行沟通，了解公司的文化、业务和发展方向等信息。

⑦参观公司：可以参观公司的办公环境、生产现场或其他相关场所，了解公司的实际情况和工作氛围。

大企业的初面面试官一般都是由 HR 来决定的。那么如何快速了解面试官本人的情况呢？

可以通过 Boss 直聘查询到面试官的名字，再去领英（LinkedIn）上面查询他的个人信息，包括职场经历等。简单了解面试官的喜好和个人职场经历，对于整个面试过程来说会有很大帮助。

通过以上方法，你可以更全面地了解公司的文化、业务、价值观和发展方向，从而更好地准备面试并顺利拿到 offer。

≫ 大平台，大展望

能够进入大企业工作，无论是对于个人的职业发展，还是所能获得的资源与支持，都是中小微企业所无法比拟的。因此，如果有机会，一定要争取入职大企业。

不必过于担心自己的学历或经历能否达到大企业的门槛。只需按照前面提到的步骤一步步精心设计自己的面试流程，从简历到话术，只要你的专业和技能与职位对口，就一定有机会。

那么入职大企业能够给我们带来什么呢？

（1）更好的职业发展机会

大企业的职场晋升机制通常比较明确，每个人从入职开始就能清晰地看到该职位的最终发展方向。比如，如果你是一名销售人员，那么入职后的发展晋升之路可能是：销售经理→区域经理→销售总监→营销总裁。有了明确的晋升机制和发展机会，员工的工作热情也会更高涨。

（2）获得更多内部转岗的机会

大企业的组织架构往往比较复杂，甚至一个部门下都会设置不同的项目组，而每一个项目组都相当于一个职能部门。

如果你对某个领域更感兴趣，就有机会获得内部转岗，无须额外面试，只需部门领导签字即可。相比小企业，大企业的转岗流程会简单很多。

（3）获得系统化的职业培训

大企业通常都有一套自己的培训机制，会定期或不定期为员工提供丰富的职业培训，包括线上教育、外部培训、行业专家亲授等多种形式。这些培训在外部是需要付费的，而公司内部组织则可以免费为员工提供。这些职业培训往往能帮助你在职场上获得更好的工作机会。

举个例子，公司有一次面试运营总监岗位，我们一致认为有至少 5 个候选人都非常不错。后来，我将名单拿给合伙人商讨定夺时，他毫不犹豫地选择了其中一个有大企业就职经历的人。他给出的原因是：在大企业待过的人，秩序感和个人职场的主观能动性会更好，系统化的职业素养也会更突出。由此可见，大企业就职经历是一个人强有力的职场背书。

（4）获得更多资源与支持

在大企业里，如果你能够做到项目组长或者部门经理以上级别，就会拥有一定的资源倾斜。比如，我在 500 强企业晋升到项目经理的时候，和我对接项目的大多是中小企业主。长期与企业主接触，让我积累了非常多的人脉资源，并且极大地提升了我的眼界和格局。在之后的创业中，这些老板们也成为我的朋友，给了我很多关键性的建议，其中有不少还成了我的投资人。

在大企业任职的好处还有很多，这里就不一一列举了。简而言之，大企业就意味着大平台，也会为你后续的求职以及职业发展添上重要的一笔。如果你胸怀大志，那就一定要去大企业看看，这段职业经历会让你受益终身。

第八章

中小企业 "快速进"

相比大企业，中小企业的入职面试流程和步骤通常要简单得多。这也意味着面试官和面试者都拥有更多的自主权，因此，在面试中小企业时，你可以适当放松，轻装上阵。

▶▶ "能力为王"才是真理

无论是中小企业还是大企业，个人能力都是面试官最看重的部分。但相对来说，中小企业对员工的个人能力要求更高，因为中小企业的组织架构相对简单，人力资源配备较少，这要求员工个人能够承担更多的工作职责，并且能独立完成多项工作任务。

另外，由于中小企业的项目类型或业务需求相对较少，就需要员工在短时间内能够做出业绩。所以在面试中小企业时，一定要把自己的工作能力放在第一位。

那么中小企业通常需要员工具备哪些方面的工作能力呢？

（1）过硬的专业技能

拥有专业的知识和技能能够让你快速上手工作。对中小企业来说，"降本增效"永远是基本宗旨，即少量的人力资源要完成更多的业绩要求。员工如果有专业技能在手，企业无须付出过多的培养成本就能快速见效。

如何呈现你的专业能力呢？在简历中，可以用数字化的结果来呈现；在面谈中，详细阐述专业技能结果的产生过程。但切记，描述时长最好不要超过3分钟，不可滔滔不绝。尤其是在讲述过去辉煌业绩的时候，一定要及时刹住车，只讲重点即可。

（2）快速学习的能力

中小企业在培养人才方面没有过多的预算，因此需要面试者拥有快速学习的能力，在短期内就能够让自己的能力跟上企业的要求和发展的脚步。描述自己的学习能力时可以这样讲：

"我只用了1个月的时间，就学会了Python编程语言，并且帮助公司建立了国际独立站，该站点承担了公司至少30%的销售额。"

这是学习能力的具体呈现：多少时间学会了什么，并且取得了什么样的成绩。按照这个模板去阐述即可。

（3）高效的团队沟通能力

良好的沟通能力会让整个团队的工作进度以及工作内容都清晰且明确，能够快速推动项目进展。因此，如果你的沟通能力突出，能够无障碍地与各部门相关人员进行高效沟通，那么对中小企业来说，你就是非常难得的人才。

沟通能力，在你和面试官的聊天过程中其实就已经呈现了，因此不需要额外举例。

（4）创新能力

创新是一种比较稀缺的能力。拥有创新能力，说明你是一个想法和创意都层出不穷的人，能够快速适应时代和趋势的变化，同时又能够为企业带来新的发展机会。你是企业主最喜欢的人才类型。

你可以适当举例，说明自己在跟进项目的过程中是如何创新并取得成果的。你可以这样举例：

"在做外卖业务的时候，我给每一单的袋子里都塞了售后服务卡。这个卡片上有我们的客服联系方式和一段话，提示客户有任何问题直接和售后联系，不要直接给中差评。这张小小的售后服务卡帮助我们拦截了90%以上的差评，营业额当月就提升了35%以上。"

（5）拓展资源的能力

"业绩治百病"是中小企业的信条。有业绩就有发展，没有业绩可能分分钟破产关门。因此，有拓展资源能力的人在中小企业里很受欢迎。如果还能自带资源，那几乎是会被现场直接录用的。

所以，在中小企业面试时，把自己的个人能力放在第一位，尤其是以上五点，一定会让你得到心中想要的企业offer。

》》 让自己成为全能型人才

在中小企业面试时，全能型人才会更受欢迎，因为这类人才能够增加企业高效完成工作的可能性。对中小企业来说，全能型人才就意味着工作效率提高、人力成本降低以及企业创新和发展的竞争力提高等。

专业能力是指在特定领域内的专业知识和技能。在中小企业中，员工通常需要具备较高的专业能力，以确保工作的质量和效率。例如，财务人员需要具备财务知识和技能，销售人员需要具备销售技巧和客户关系管理能力等。

多面能力则是指在不同领域内的多种能力和技能。在中小企业中，员工往往需要承担多种工作职责，因此具备多面能力可以提高员工的适应性和灵活性。比如，员工可能需要同时负责市场营销、客户服务和行政管理等多项工作。

在中小企业中，专业能力和多面能力都非常重要。同时，企业也希望员工能够根据企业的需求和自身的职业发展规划，不断提升自己的专业能力和多面能力，以适应企业的发展和变化。

所以，在面试中小企业时，你要着重强调自己的全面能力。然而，并不是每个人都是真正的全能者，因此在面试的时候就需要适度"包装"自己的履历。

比如，我在面试某中小企业新媒体运营专员时，该岗位职责只要求负责产品短视频的策划与文案撰写。但在面试时，我除了展示这些技能以外，还提出了自己具备基础拍摄以及视频剪辑的能力，可以独立负责账号的运营。在大企业中，这些工作步骤中的每一个环节都有专人负责，但在中小企业，一个人至少要完成两个人的工作量，甚至更多，以减少专岗专职，节约用工成本。所以，这些相关工作技能都可以成为你的护城河，也是面试官决定是否录用的关键。

在面试管理岗时，需要强调自己有从 0 到 1 搭建项目及团队的经验，并且是从最基层的岗位做起来的管理者，而不是专职的职业经理人。这对中小企业来说非常重要，因为中小企业中的管理岗数量非常有限，一个管理岗位需要负责多个部门的工作，因此不能只做简单的工作安排，还必须下沉到一线去做事。所以，拥有基层的实操能力也是相当重要的。

当然，这些技能都最好匹配具体的工作案例去说明，不能只是干巴巴地讲述。在工作经验的描述中，尽量将不同领域的经验和成果逐一列举，如参与过的项目、解决过的问题等，可重点阐述和目标岗位相匹配的部分。

另外，需要注意的是，**全能型人才并不是指在所有方面都非常出色，而是指具备多种能力和经验，能够适应不同的工作需求，并且有一到两项拿手的技能**。在面试中，也可以根据自己的实际情况和当前企业的需求，有针对性地展示自己的全能经验。

》 适当打起"感情牌"

中小企业的面试频率相对较低，因此给每个面试者的时间会比较充裕。在面试过程中，除了讨论工作内容，还可以适当加入生活话题，拉近与面试官的距离。这不仅有利于提高面试成功的概率，对入职后的工作开展也很有帮助。

当然，在面试过程中，你的主要目标是展示你的能力和潜力，以证明你是适合该职位的人选。在此基础上，可以适当发挥，通过打"感情牌"与面试官拉近距离。那么何为"感情牌"呢？其实就是通过沟通，让面试官不再把你当作一个面试者，而是当作一个期待能够长期共事的朋友。

我曾经面试过一个运营经理的职位，来过十多位面试者，他们在个人能力方面各有优势，但我们最终录用了一个年轻的女孩。

她虽然只有 27 岁，但已经是一个 2 岁孩子的母亲了。从外表上看，她的发型和装扮都比较年轻，完全看不出是一位母亲。在工作经验和能力的面试中，她的表现还算中规中矩，但在聊到家庭以及婚育观的问题时，她主动提到自己已有一个两岁的小宝。顺着孩子的话题，她分享了自己的育儿经验和已婚育女性在职场上可能面对的问题。我自己也是一位母亲，所以很多话题我们都能聊到一起。

不知不觉间，就像两个老朋友在互相交流育儿经。她面对生活的真诚和坦然给我留下了深刻印象，最后她如愿得到了这份工作机会，同时也成了我在生活中的好朋友。

那么如何在面试过程中巧妙打"感情牌"呢？以下给大家几个建议。

（1）保持同频沟通

在面试过程中，和 HR 保持同频沟通，他问一句，你答一句，不要你一个人不停说，对方一直听；也不要对方一直说，你在旁边听。这样的沟通就失去了平衡感，谈话就会陷入僵局，也就预示着这场面试的失败。

（2）表达你对公司的期望

对公司和该职位表现出你的期待，以及为了得到这份工作机会你所做的努力。最好能附上自己对其他竞品公司或者项目的见解和想法，这更会让面试官信服。

（3）提出有意义的问题

什么是有意义的问题呢？比如我在面试外企时是这样向

HR 提问的："当前产品的开发如果没有得到市场的认可或者没有达到预期的销售额，那么在产品开发的时候是否就已经做好了可更改的代码接口？"

这样的问题说明你对项目有一定的了解，并且对后续的发展提出了自己的担忧。对面试官来说，这样的提问是站在公司立场去考虑的，是很有意义的问题。

（4）顺着话题切入生活化层面

很多人认为和面试官聊天是一件很严肃的事，生活上的事情尽量不提。但事实上，如果能够和面试官聊到生活层面的话题，说明对方对你已经十分认可。

我曾经去面试一个区域总经理的职位，在和面试官聊天的过程中，谈到了团队凝聚力的问题，并由此切入到女性领导在职场上遇到的不平等待遇上。由于我与面试官都是女性，所以很快就产生了共鸣，对方还聊到了当前公司的内斗情况和员工的站队问题，而我就顺势谈了自己的一些过往经验和应对方法。可见对方已经把我当作可信任的倾听者。当然，我最终顺利收到了她发出的 offer。

所以，面试的时候，适当打"感情牌"会让面试官认定在后续的共事中，你们会相处得很和谐友好，从而增加录用你的概率。

≫ 经验比资历更重要

在中小企业面试时，经验和资历都是重要的考量因素，但它们的重要性可能因企业的具体需求和职位要求而有所不同。

中小企业通常更注重求职者的实际经验和技能，因为这些因素对于企业的日常运作和业务发展更为关键。因此，在面试过程中，你对业务的熟悉程度和操作流程的掌握往往比个人资历更加重要。

资历反映了你在相关领域的工作年限和专业背景，对于大企业来说，资历可能代表你在某个行业的工作时长足以支持你完成工作内容。然而，在中小企业中，资历可能被放在相对次要的位置，因为中小企业更注重实际操作能力、适应环境和市场的能力，而不仅仅是工作年限。这也是部分被大企业裁员的高管反而没有小企业出身的职员更受欢迎的原因。

因此，在中小企业面试时，应该强调自己在相关领域的实操经验，尤其是具体的操作过程和已经取得的项目成果。越是可落地的经验越容易让面试官信服。

例如，在面试一家小型企业区域总经理时，我在简历上首先突出的就是我的行业经验，如"8年以上新媒体运营实操经验，有从0到1搭建账号及团队的经验，对接超过10万达人资源"。这样的描述对中小企业来说具有十足的吸引力。

"实操经验＋基层搭建"的组合非常适合中小企业对高管的要求，这既保证了我对基层工作有足够的理解，又说明我在战略层面上有谋划和布局的能力。

如果你在简历和面试中优先突出的是自己所获得的职业证书或者教育背景等资历相关的内容，而不是以实操经验为先，那么在中小企业的面试中，可能会吃亏。

不同的企业可能要求的侧重点会略有不同，但以下几个方面是中小企业在面试时普遍关注的。

（1）精准的目标行业经历

中小企业更在意面试者在当前行业中的精准经历，比如你面试的企业是母婴行业，而你之前从事的是电子游戏行业，两者的目标人群几乎不重合，对面试官来说，你的行业经历缺乏参考性，面试成功的概率较低。

（2）项目实操经验

如果行业经历确实不符合，但你的工作能力得到了面试官的认可，那么下一步就是要突出你在项目中的实操经验了。

比如，你可以阐述在电子游戏行业中，是如何快速将产品推向市场并获得消费者信赖的，这些实操经验迁移到母婴行业中是否具有适用性和可操作性。

（3）可独立运营的能力

中小企业可能没有足够多的人手专职负责某一个事项，需要你借助过往的工作经验来独立承接某个项目的部分工作。

因此，你要着重表现个人在工作中的多种能力，以及可独立负责某个事项。这会让面试官对你所提出的薪酬待遇等有一定的让步空间。

对中小企业来说，大部分都会践行"123原则"，也就是"招聘1个人，做2个人的工作量，创造3个人的营业收入"。因此，独立运营的能力是完全符合中小企业的用人需求的。

在准备面试时，你应根据自身情况有针对性地向面试官展示自己的经历和经验。

第九章

外企也能"合理进"

外企的面试与常规的国内企业面试截然不同。在个人技能方面，外企可能对求职者的要求并不是特别严苛，但在语言能力、创新能力，尤其是跨文化沟通能力上，常常有着独特且高标准的要求。

≫ 外企简历不一样

许多人在投递外企简历时，潜意识里会认为外企对求职者的要求更高，因此，要么不敢投递，要么使用与面试国内企业相同的简历。实际上，外企的面试流程并不复杂，只是简历的写法需要更具针对性。

就我个人的经验来说，我收到外企面试邀约的简历，通常包含以下几项与面试国内企业完全不同的特点。

（1）勇气为先

我从一家500强企业出来后，很容易就面试到了一家合资企业。虽然面试官都是中国人，但在投递之前，我还是有些犹豫。一方面担心简历石沉大海，另一方面又担心被邀约后，自己完全没有外企员工的特质。但幸运的是，当我鼓足勇气投递后，很快就收到了面试邀请。所以，勇气是迈进外企大门的第一步。

（2）突出外语能力

无论是日资企业还是欧美等外资企业，对外语的要求都以英语为主，其他语种为辅。因此，在外语能力的体现上，应优先展示国际化的证书。

CET-4 或 CET-6 主要是针对中国在校大学生的应试证书，而外企的交流更注重生活化以及商务化的语言场景。如果有雅思或托福的证书，应优先展示，这表明你的语言能力在实际沟通中可以发挥作用，而不仅仅停留在"纸上交流"。这是你在跨文化、跨地区沟通方面的优势。

需要注意的是，如果语言沟通有障碍，即使专业知识再过关，也可能不被录用。相反，如果语言沟通没有问题，专业知识稍逊一筹也是可以通过学习来弥补的。因此，着重强调自己所掌握的语言能力，尤其是口语能力，在实际工作中能够畅通交流，是面试外企时非常看重的基本能力。

（3）表达学习意愿

外企能够在国内开设分公司或办事处，都是具有一定经济实力的企业，在员工培养方面有着完善的体系。因此，不用担心自己不具备某一项专业技能，只要你有足够的学习意愿，在外企的面试官眼中你就是非常优秀的人才。在表达学习意愿方面可以在简历中这样写："善于接受新事物，并愿意花费时间和精力去探索。"

（4）国际化背景优先展示

外企的业务通常在全球范围内展开，因此具有国际化背景和经验的求职者对其更具吸引力。例如，参与过某个电商项目的国际站建立、与国际消费者有过贸易交流等，都是有效的国际化背景。

在描述这些国际化背景和经验时，尽量使用具体的例子和数据来支持你的陈述，这样可以使简历更具说服力。如果你是留学生或者有国外就职经历，应优先在个人优势中展示。

（5）过硬的专业技能和知识

外企通常对特定领域的专业技能和知识有较高的要求，因此，可以在简历中突出自己在相关领域的专业能力、技术熟练程度和取得的证书或培训经历。当然，如果专业技能不是特别过关也没有关系。强调自己的学习能力也是获得 offer 的关键因素。

我入职合资外企时，就靠这一招通过了面试。后来在实际工作中，领导安排了专职人员一对一带我，让我快速进入了工作状态。因此，如果专业技能稍逊一筹，就把学习能力单独拎出来讲。

（6）亮眼的项目成果

外企的人才筛选机制很严格，对求职者的经验和成果有一套考核体系。因此，你可以着重描述你在项目中扮演的角色、取得的成果和对团队的贡献，并使用具体的例子和数据来支持这些陈述。最好能够带上作品让面试官现场观看，以取得对方的信任。

如果你缺乏外企所需的某些特质，也不要气馁。以我个人面试进入外资企业的经历为例，即使在没有任何语言优势和国际化背景的前提下，我依然被录用。秘诀就是，做一个超有吸引力的个人陈述，着重强调自己的学习力与适应力。这也是外企招聘中最喜欢的职员类型之一。具体展现形式有以下一些例子可供参考。

①学习新技能：在6个月内学会了一种新的编程语言，并成功地将其应用于实际项目中，帮助公司增收超过1000万元。

②快速适应新环境：在新公司或团队中迅速融入，并且在7天内熟悉了新的工作流程和业务，完成了新项目的前期调研工作。

③解决问题的能力：通过和各部门对接以及与客户的深度交流，我帮助领导把整体选品业务从原有的10个品类一个月内增加到了50个品类。

④自我提升：主动参加行业内的圆桌会，把结识的人脉关系用到了现有的项目中，仅仅 3 个月就实现了纯利润增长 500 万元以上的成绩。

⑤跨领域学习：把从抖音视频中学到的流量投放知识用在了微信视频号上，为公司带来了 3 倍的客户信息。

⑥项目管理：在负责的项目中，通过不断学习和调整，成功地完成了该区域第一名的项目目标。

⑦团队合作：在跨部门合作中，迅速适应了不同团队的工作风格和文化，有效地与他们合作完成任务，将原本一个月的完成时间缩短到了半个月。

这些例子可以帮助你在简历中更好地展示自己的能力。在描述这些经历时，尽量提供具体的细节和成果，这样你的简历才能更具说服力。

另外，一份充满吸引力的外企面试简历，还需要注意格式和写法。以下要点供大家参考。

①格式和布局：使用简洁、专业的简历格式，包括清晰的标题、日期、个人信息、教育背景、工作经历、技能和成就等部分，保持整体版面整洁和清爽。

②语言和语法：使用准确、清晰的语言撰写简历，避免使用复杂的句子结构和生僻的词汇。尽量使用书面语描述，不要过于口语化。

③使用关键词：根据目标公司和职位的要求，提取关键词并在简历中强调。例如，招聘团购专员时，你需要在简历中着重强调自己的团购经验。这将使你的简历更容易被搜索到。

④爱好与特长：除了工作经历和教育背景，外企也会重视你的个人爱好和特长。当然，你的爱好与特长必须契合当前岗位，完全无关的可以不写。

⑤简历做外文备份：记得将简历用英文翻译一遍，和中文版一起交给面试官。这样做一方面表现出你对当前这份工作的重视程度，另一方面，某些岗位需要更高级别的决策者来决定是否入职，他可能是外国人，所以纯英文的简历更方便对方阅读。

⑥附件：如果有相关的作品、项目报告或推荐信等附件，可在简历中注明或在面试时提供。

做好了以上这些，一份合格的外企简历就完成了。

≫ 时刻注意界限感

在面试外企时，注意界限感是非常重要的。

什么是界限感？简单来说，就是个体对于与他人之间行为和情绪的界定与认知。它深植于人们的内心，影响着我们的感知和判断。由于文化氛围不同，界限感往往是外企面试官特别在意的方面，因此，在外企面试时，以下几点一定要多多注意。

（1）尊重面试官的时间

在面试过程中，尊重面试官的时间非常重要。当被问问题时，应尽量简洁明了地回答。若对某个问题不确定，不要浪费时间猜测，而应坦诚相告并请求进一步解释。

（2）避免聊与工作内容无关的问题

在面试中，应避免询问与工作内容无关的问题，如当前部门的性别比例、同事的年龄阶段、老板的婚姻状况等，这些都不适合在面试阶段提及。尽管外企在员工信息透明度方面较高，但涉及人权和个人隐私的问题仍需谨慎处理，以免给面试官留下轻浮的印象，甚至对你的工作态度产生怀疑，那就得不偿失了。一旦被面试官列入"黑名单"，相关企业及其上下游公司可能都不会再给你面试的机会，因此务必谨慎对待。

（3）减少不必要的小动作

身体语言在面试中传递着重要信息，因此应保持良好的姿态，避免过多的手势和小动作，同时保持适度的眼神接触，但切忌一直盯着面试官看。能否被录用，往往在与面试官的交谈过程中就已经决定，因此，尽量减少自己的小动作，端坐且面带微笑地与对方交谈，是最佳的选择。

（4）尊重企业文化

在面试前，应了解公司的文化和价值观，并在面试中尽量展现出你对这些文化的尊重和理解。例如，公司以老年群体为主要客户，那么面试时可以多分享自己在服务老年客户群体方面的经验和心得，切忌在不了解的情况下轻易批评企业的目标人群，以免引起面试官的不满。

（5）注意语言表达

在面试中，使用得体的语言表达至关重要。应避免使用过于口语化或随意的语言，尽量采用正式、专业的措辞。同时注意控制语速和语调，保持清晰、流畅的表达。可以根据面试官的说话方式，合理选用中文、英文或中英混合的方式来交流。

总之，在面试外企时，要时刻保持界限感，避免越界，努力给面试官留下良好的印象，以增加获得入职 offer 的概率。

▶ "背刺" 行为不可取

在面试时，千万不能说前公司的坏话。

如果你对前公司有不满或抱怨，最好在离职后反思自己的这段工作经历，找出问题的根源并寻找解决问题的方法，如果是自身问题，就尽量不要在下一段面试中提及；如果是公司的客观问题，可酌情提及，但记住，千万不可直接在新公司面试官面前讲前公司的坏话。

为什么面试时不能提前公司的不足呢？主要原因有以下几点。

（1）显得不专业

如果面试时对前公司的评价过于负面，可能会让面试官认为你缺乏职业素养和判断力。作为一个专业的从业人员，在处理企业和个人立场的问题上，你应该有明确的是非判断能力。若你对前公司有负面评价，就说明你带有强烈的个人情绪和个人判断，缺乏职场情商，这正表明你不是一个合格的、专业的职场人。因此，面试官可能会对你的个人评分较低，从而导致你失去入职机会。

（2）影响面试官的判断

因为你可能已经形成了对前公司的某种偏见或态度，所以才会毫不忌讳地在面试官面前讲出来，这属于"说者无心，听者有意"，面试官很容易就把自己代入进去，认为你进入新公司遇到同样问题时，也会消极处理，而不是积极寻求解决方案，因此你可能会被视为缺乏职业道德和尊重。有时，尽管你想表达的本意并不是这样，可话一旦说了出去，就会被面试官捕捉到你的某个消极因素，从而影响他对你个人能力的客观判断，导致面试失败。

（3）错过展示自己的机会

通过谈论前公司，可以展示自己的职业素养、解决问题的能力、团队合作能力等，有助于面试官更好地了解自己。可如果谈论前公司时掺杂了"背刺"行为，可能会让面试官认为你对人对事吹毛求疵、不懂感恩等，于是提早结束面试。

比如，我曾面试过一个市场专员，在问到离职原因时，他答道："因为我的上司做事情比较优柔寡断，我很不喜欢她的管理风格，而且公司内部各部门之间也比较乱，经常聚餐，还被劝酒，我感觉自己应付不来这些风气，所以干脆就离职了。"

这句话从面试者的角度来说，他可能只是客观表达了自己对企业和管理者的管理风格与企业文化的不喜欢，但从面试官的角度来说，这样的回答很明显带有对前公司的贬低与质疑，并且是消极态度。这样的表现不仅显得面试者没有肚量，而且反映出其情商有待提高。

如果离职事实的确如此，那应该如何高情商地回复呢？可以换成这样的话去讲：

"我个人工作风格属于比较专注做事情的类型，对企业内一些无关紧要的应酬场合不是很赞同，所以就从前公司离职了，当然这可能是我的工作岗位和能力没有达到一个很好的匹配和平衡导致的，如果能有幸入职贵司，我希望这个问题能够得到有效解决。"

这样的回答，既没有伤害前公司的面子，又能够提前规避入职新公司后可能出现的类似情况。

因此，在面试时，最好避免对前公司进行过于负面或批评性的评价，而是尽量保持客观中立的态度，适当地谈论前公司并表达感激和尊重。这样可以展示自己的专业素养和适应能力，同时也有助于面试官更好地了解自己。

在面试中被问到对前公司的看法时，你可以采用以下回答方式。

（1）积极的评价

如果你对前公司有积极的评价，可以分享一些你认为前公司做得好的方面，例如优秀的团队合作、良好的工作环境、有挑战性的项目等。你可以这样说：

"我对前公司的工作环境和团队合作非常满意。在那里，我有机会与优秀的同事一起工作，并且从中学到了很多宝贵的经验。"

"前公司给了我很多成长和发展的机会。我在那里承担了一些有挑战性的项目，这些经历让我提升了自己的专业技能。"

（2）客观的评价

如果你对前公司的评价比较中性，可以客观地描述你在前公司的工作经验和成长，例如你在前公司学到的技能、取得的成绩等。你可以这样说：

"我在前公司工作期间学到了很多东西，也取得了一些成绩，然而，由于个人发展的原因，我决定寻找新的机会，以进一步提升自己的职业能力。"

（3）避免负面评价

如果你对前公司有不满或抱怨，最好避免在面试中表达负面情绪。你可以强调你在前公司学到的经验和教训，并表达你对新工作的期待和热情。你可以这样说：

"我在前公司积累了很多宝贵的经验，这些经验对我的职业发展非常有帮助。虽然我对前公司没有负面的看法，但我认为现在是我寻求新挑战和机会的时候了。"

"我对前公司的工作流程和管理方式有一些不同的看法，但是我相信每个公司都有自己的优点和不足。我更关注的是如何在新的工作环境中发挥我的能力和潜力。"

无论你的回答是什么，都要保持积极的态度和专业的形象，让面试官相信你是一个有能力、有团队合作精神的人，同时要根据具体情况回答问题，避免过于笼统或模糊的回答。

≫ 快速突破"文化次元壁"

如果你不了解外企的公司文化，那么在面试时就很有可能犯"忌讳"或者闹出乌龙。尤其是在人情风俗以及工作流程等方面与我国本土企业有诸多不同的外资企业，企业文化的不同会导致很多"沟通代沟"，所以面试外企时，最好提前了解清楚，以免发生不愉快。

那么，在没有提前熟悉企业文化的情况下，如何通过现场面试快速得知呢？

你可以通过向面试官巧妙地提问来获取有效的信息，以下几点可以作为与面试官的谈话重点。

（1）创新与鼓励机制

你可以询问面试官公司在创新方面的投入和鼓励机制，例如是否有专门的创新团队、是否鼓励员工提出新的想法等。这个问题可以帮助你了解企业的管理是否先进及自由。

（2）沟通和合作

你可以询问公司内部的沟通方式和合作机制，例如是否有定期的团队会议、是否鼓励跨部门合作等。

这个问题可以让你快速了解企业内部的管理架构、人员沟通频率、是否扁平化管理等，你可以有效了解企业内部的沟通方式以及合作效果，并预估入职后的团队协作是否顺利。

（3）员工福利和工作生活平衡

这是几乎每一个员工都非常重视的问题，国内企业的面试官可能不喜欢被问福利待遇以及生活与工作平衡的问题，但在外企，大部分面试官都很乐意解答，尤其是在员工福利方面有完善体系的外企。

你可以询问如年假、病假、健康保险等，以及公司是否重视员工的个人生活与工作之间的相互影响等问题。这也可以快速判断该企业的企业文化是否尊重员工的个人意愿。

（4）职业发展和培训

询问面试官企业内部是否有针对员工个人的晋升机制、是否提供培训课程等。这可以让你了解到入职后你的职业发展路径以及推测出晋升时效，而体系化的培训可以让你学到行业内的先进工作方法，对个人的职业发展非常有益。

（5）领导的风格

这一条在国内企业面试中基本不会有人询问，但在外企，关于公司的领导风格，例如是否倾向于开放式的沟通、是否鼓励员工参与决策等，是可以直接向面试官提问的。领导的管理风格有时直接决定了你入职后的工作状态和整体的职业规划。

（6）社会责任

如果公司内部有设立或者参与的公益项目，并且关注环境保护等，这些都能说明这家公司是一个很有社会责任感的企业。在和面试官交流的过程中，可以适当提及自己是个环保主义者，并且定期参与捐赠活动等，会给面试官留下非常好的印象。

在提问时，要保持礼貌和谦虚的态度，避免提出过于尖锐或敏感的问题。同时要注意倾听面试官的回答，多了解公司文化的细节和特点。这样做一方面可以增加和面试官的互动，另一方面也能更好地评估自己与该公司文化的契合度，从而做出更明智的职业决策。

面试最终是一场双选的活动，对方在筛选合适的职员，求职者也在筛选自己喜欢的工作方式。

第十章

走向真正的职场人生

　　本书前几章分享了很多求职经验，包括各种面试问题、技巧以及职场中需要具备的各种软技能与硬技能等。无论人生还是职场之路，都是蜿蜒曲折的，会有很多困难，我们需要付出更多汗水，才能有甜蜜的收获。

　　那些踩过的坑，那些流下的汗水，都记录了我们的成长。在我看来，职场与人生是齐步并行的。因此，在最后一章中，我会对一些要点再做补充，但更多的，我希望能让大家认识到职场的真正意义，弄清其底层逻辑，从而走向自己职场人生的新征程。

▶ 面试测试知多少

　　面试时，很多企业会出笔试题，尤其是大企业或者技术型企业。测试题的类型多种多样，具体取决于公司的需求和职位的要求。以下是一些常见的面试测试题类型。

（1）技能测试题

　　这类测试题主要是为了评估求职者的专业技能水平。

　　编程题：要求求职者编写一段代码来解决特定问题，以评估他们的编程技能。

　　设计题：要求求职者设计一个产品或界面，以评估他们的设计能力。

数据分析题：要求求职者分析一组数据并给出结论，以评估他们的数据分析能力。

（2）情景测试题

这类测试题通常是为了评估求职者在特定情景下的应对能力。

客户投诉处理题：描述一个客户投诉的情景，要求求职者描述他们会如何处理。

客户要求退款题：如客户已经付款，但对服务不满意要求退款，请求职者描述作为服务人员应该如何处理客户的退款诉求。

团队合作题：描述一个团队合作的情景，要求求职者描述他们在其中的角色和贡献。

（3）行为面试题

这类测试题主要是通过询问求职者过去的经历来了解他们的行为模式、解决问题的能力和团队合作能力等。

克服挑战题：要求求职者描述一次在工作中面临挑战的经历，并说明是如何应对的。

团队领导题：要求求职者描述一次在团队中担任领导角色的经历，并说明是如何带领团队取得成功的。

（4）智力测试题

这类测试题主要是为了评估求职者的智力水平和逻辑思维能力。

数学题：要求求职者解答数学问题，以评估逻辑思维能力。

推理谜题：要求求职者解答推理谜题，以评估问题解决能力。

（5）文化适应性测试题

这类测试题主要是为了评估求职者是否适合公司的文化和价值观。

公司文化理解题：询问求职者对公司文化的理解以及如何适应这种文化。

价值观题：询问求职者对工作中重要价值观的看法，以评估与公司价值观的契合度。

（6）沟通能力测试题

如果职位对沟通能力有要求，可能会出沟通能力测试题。

客户服务情景模拟题：假设有一个客户对产品不满意并且情绪激动，你会如何处理？

沟通技巧展示题：请描述一次你成功解决客户问题的经历，以及你是如何与客户沟通的。

实际面试中可能会出现更多类型的测试题。在准备面试时，应该熟悉各类型的测试题，并根据自身情况有针对性地进行准备，这样才能做到有备无患。

还有一点非常重要，就是不要轻易暴露自己的"缺点"，要学会有意识地突出自己的优势，避免劣势和短板。例如，公司招聘销售员，希望员工外向善交际，你就需要多多表现出你的热情和健谈，让面试官看到你的交际能力；公司招聘前台，你就多表现自己的礼貌、谦和、大方等特质。

因为这都是岗位本身倾向的招聘类型，你在面试的时候可以适当地多展示出符合岗位需求的特质，以便提高面试的成功率。

》 I 人还是 E 人？求职需确定

很多企业在面试的时候，第一件事就是要求面试者做人格测试题，也有一部分企业会在面试前给一个做题链接，要求面试者在规定时间内完成，并把测试结果发给面试官。只有面试官想要的人格类型，才会发送面试邀约。

大部分企业采用的人格测试题是"MBTI 十六型人格测试"，这是瑞士心理学家卡尔·荣格的研究成果，其对人的性格进行了 16 种划分。这种测试具有一定的权威性和准确性，也是目前较为流行且全面的性格类测试题型。其中，E 型（Extraversion）和 I 型（Intraversion）人格是最常见的。E 代表外倾型，I 代表内倾型。很多企业在特定的职业中，会选择相对适合该岗位的职员性格类型。比如，销售型岗位更欢迎 E 型人格，而常规坐班类或不需要与外界过多沟通的岗位，则需要 I 型人格。

然而，实际上人的性格并不是绝对的外向或者内向，岗位的类型也不是绝对需要某种性格。人的性格本身是一个复杂的系统，面对不同的环境和人所呈现出的性格面貌也不尽相同。

那么，企业一般是怎样通过这一测试来判断你的性格的呢？我们可以看看下面的测试题。

（1）认识你的人倾向于形容你为：A. 逻辑和明确；B. 热情而敏感。

这道题考查的是你对自我的基础认知。选择 A，说明你是一个做事有分寸、有条理的人；选择 B，则说明你看似外向，实则内心容易受挫且善于捕捉他人的情绪或周边环境的细微变化。

（2）在同学聚会中，你通常：A. 比较安静并保留，直到你觉得舒服；B. 整体来说很健谈。

这道题选择 A 说明你比较在意自己的感受；选择 B 说明你不仅外向，而且很会照顾他人的感受，善于活跃气氛等。

（3）当你与一个朋友放松聊天时，你偏向于谈论：A. 实际的、具体的、关于"此时此地"的事物，例如你也许会谈论接下来即将参加的旅行计划；B. 未来关于改进或发明事物和生活的种种可能性，例如你也许会谈论一个新的科学发明。

这道题选择 A 说明你是一个凡事落到实处的人；选择 B 说明你的思维更偏向于天马行空，喜欢创新和创造一些"新奇特"，甚至从未出现过的新兴事物。

诸如此类的测试题，有多重测试维度和选题版本。这种测试并不是单纯测试性格外向或者内向，企业是想从测试题的答案中获悉求职者的真实想法和日常工作态度。

如果你本人想要一个需要更多创意的职位，也可以提前测试自己的性格类型，先判断自己是否适合这类职位。

这个世界上没有完全相同的两片树叶，也不存在完全相同的两个人，每个人都有自己独一无二的性格特质，每个特质也都有自己外在的表现和内在的真我。尽可能做适合自己的职业，在职场中尽可能多地发挥契合岗位的那部分才能，才是你作为职场 I 人或者 E 人的价值所在。

▶ 职业规划有底层逻辑

曾有一段时间，我面试了几百个人，我发现在问到他们职业规划的时候，很多人都很迷茫。其实，对真正的职业规划来说，最重要的底层逻辑是要清楚地认识自己，并且学会把一切看成资源，包括自己的爱好和特长。

所以，我想在这里给大家讲一下职业规划的底层逻辑究竟是什么。

首先，任何时候不要轻看自己。有时候，会玩会闹也是一种能力，因为不是每个人都合群，走哪里都受到欢迎；其次，不管什么时候，切记不要眼高手低；再次，任何事情，只有持之以恒才会实现质变，努力不一定有用，但是不努力一定没用；最后，记住，人从生下来开始，学习就是永远的课题，不要停止学习。

关于职业规划，我们先来讲讲如何认识自己。

你可以把自己的专业、特长、爱好、对什么感兴趣甚至于身边朋友的工作等通通列下来，先从专业开始（这其实是最简单的），搜集你的专业可以做的工作，并为之编写简历去面试，然后去看各种简历技巧、面试技巧和公司开出的条件背后的规则分析。从专业入手是寻找工作的最快路径。

如果不喜欢自己的专业，不想做本专业相关的工作又该怎么办？

排除掉专业，你还可以从爱好、特长、对什么感兴趣入手。我认识的好几个朋友爱好追星，后来他们就进了相关的行业工作，比如做自媒体，因为追星，他们更熟悉网络、更有网感；又比如说做"网红"的经纪人，门槛比明星的经纪人低，还能积累人脉资源。

有朋友爱好看电影，什么资源都找得到，代表他有信息搜集能力；有朋友爱好写小说，代表他有文案能力；有朋友能言善道，代表他有表达能力；甚至于说，就算爱安利自己喜欢的东西，这也代表有销售能力……以此类推，去发现自己的技能点。对什么感兴趣，那就去学习，想尽办法去相关的公司。哪怕不是心仪的岗位，你进去了就开始学习，了解公司架构、业务流程。即使今后离职了，凭借对这部分的了解，也能做上感兴趣的岗位工作。

比如，我有一位学动漫设计的朋友，她喜欢旅游，现在就在当国际导游。为此，她努力学习外语，拿到了 7.5 分的雅思成绩，还拿到了导游证。在当导游的过程中，她又积攒到了很多优质的人脉资源，还交到了同样喜欢做导游的男朋友。后来，他们一起做了旅行博主，在互联网上收获了非常多粉丝的支持。

　　爱社交、喜欢交朋友就更好了。那就厚着脸皮让朋友内推，让朋友给建议，让朋友给路子，哪怕是让他介绍人给你认识。别怕麻烦别人，达成目的了，你也会有价值，今后也能回报朋友。

　　千言不如一动，如果什么都不干，那就一事无成。真的想做什么就去做吧，别怕。我最喜欢的一句话就是："与其为了自己没做这件事而后悔，不如做了再后悔。"

　　在面试求职者的时候，每当我问他们"你的职业规划是什么"的时候，听到太多人回答"2 年升主管，5 年升总监……"但这不是职业规划，而是职位规划，对面试官来说，这种回答没有任何参考性和意义。所以，面对这个问题时，我们要这样说：

　　"因为特别喜欢新媒体行业，喜欢捕捉一切前沿的新潮的信息，所以我从大学毕业开始就有意在这样的公司做实习了，并且自己做了一个自媒体账号，每天不断写下自己的见闻和感受，我现在能够很轻松地写出阅读量 10 万＋的爆款文案。这一切都来自我的积累，因为我至少用了 1000 个日夜去深耕，所以我深信自己在行业里有着自己的一席之地。因此，我的职业规划就是在咱们公司入职的几年中，把公司账号做到粉丝100 万＋，每年变现超过 1 亿元，至于我的职位晋升，我相信自己的能力会被看见，我也会得到应得的荣誉和支持。"

这段话就很清楚地阐述了自己为这份工作或者说未来的兴趣发展做了哪些事情，并且在职位晋升方面留出了一定的空间，给予了对方足够的尊重和自由，面试官听到后会认为你的规划十分清晰和有逻辑。

所谓职业规划的底层逻辑，其实就是你未来坚定要走的路，以及这段路上能够为当前公司带来的利益点。

记住，职业规划绝不仅仅是职位的晋升之路。

》 困难、挑战是常态

入职面试是进入职场的第一道门槛，如果连门槛都过不了，那就说明你还需要好好磨炼自己的能力。

当你迈过这道门槛，你也许会发现，其实，困难和挑战都是职场常态。

拿我自己来说，在公司里做到了副总级别，我的顶头上司只有董事长，投资人及合伙人都不能直接给我工作指令，可以说是"一人之下"，但在这样的情况下，我依然会面对诸多问题。

比如，男下属会抱团，工作上出了问题会把责任推到我这里，有时候还会试探性地不尊重我等；公司业绩未达标，老板也只会找我来"背锅"。

当然，这也是很多女性在职场上会遇到的不公平待遇问题。除此之外，我还需要兼顾家庭。作为一名中年女性，家庭和工作的平衡是一大难题，因为家庭而影响到工作的情况都会成为我被攻击的点。

但这些问题我都一一解决了，在我看来，只有自己意识到困难的存在，才会不断挑战并取得成功。

在职场中，曾有一件事令我印象非常深刻。某天，市场部总监来找我签一份转岗申请书，是部门的某市场专员因为个人问题申请暂时转到直播助理岗，薪资降低了 2000 元，但绩效不变。这个单子我看到后认为应该绩效同时降低 1000 元，与其他助理岗持平才能签字，但市场总监告诉我，这位同事年龄比我还大几岁，家里上有老下有小，也很不容易。听完这话，我当然也心软了，但最终还是坚持其绩效与相同岗位同事绩效基数持平，因为这是原则问题，如果我给他一个人签了单子，一旦事情泄露出去，其他同事会心理不平衡，也会影响整个团队的团结和项目的进度。

虽然最后因为同时降低了薪资和绩效，这位同事对我颇有意见，但我认为维护大部分人的权益是我的分内之事。

可能我们在职场中一点薪资的问题都会成为大大的挑战，但能够决定你拿多少薪资的人，其实不是你的上级领导，而是整个行业以及你的个人水准级别。你只有不断提高自己的能力，才能有自己出价的可能。

无论是初入职场的小白，还是已经有了几年经验的"职场老油条"，困难和挑战都是一直伴随着我们的。

面试和这些困难相比，其实要简单很多。因此，当你意识到这个问题的时候，你就不会因为面试失利而懊恼，也不会觉得面试很简单而不重视它。

那么，如何在面试过程中把困难和挑战踩在脚下呢？你可以从以下几个方面来注意。

（1）保持冷静和专注

在面对面试官时，如果感觉自己有压力，应尽量保持冷静和专注，避免情绪波动影响判断和行动。通过深呼吸、放松肌肉等方式来缓解紧张情绪，保持清醒的头脑。

（2）分析问题

对面试官提出的问题进行全面、系统的分析，找出问题的本质和关键因素。运用逻辑思维和判断力，将问题分解为可管理的部分，就能更好地理解和解决问题。

（3）制订计划

在明确问题后，制订一份详细的解决方案和行动计划，把各种可能的情况和风险都考虑进去，并制定相应的应对措施，以确保计划的可行性和有效性。

（4）随机应变

在面对不确定性时，计划可能需要根据实际情况进行调整。保持灵活的态度，随时准备应对变化，并对计划进行及时修正和改进。

（5）学习与成长

将每一次困难和挑战都视为学习和成长的机会，从中获得经验、吸取教训，并将这些经验应用于未来的工作中，不断提升自己的能力和素质。

（6）保持积极的态度

尽管压力和不确定性可能会给你带来负面情绪，但要学会努力保持积极的态度和信心，相信自己能克服困难，取得成功。

为了在面试中能够提供具体的例子来展示自己在面对困难和挑战时的应对能力，你可以按照以下步骤来准备。

①回顾过去的经历：回顾你过去的工作、学习或个人生活中遇到的困难和挑战，选择那些具有代表性、与应聘职位相关并且能够展示你的能力和成长性的例子。

②分析困难和挑战：对于每个例子，详细分析所面临的

困难和挑战，包括问题的背景、具体的挑战以及它们对你的影响。

③描述应对策略：针对每个例子，描述你采取的应对策略和解决问题的步骤。强调你的分析能力、决策能力和执行能力。

④强调结果和学习：说明你的应对策略所带来的结果，无论是成功解决问题还是从中学到经验教训，强调你在困难和挑战中所获得的成长和提升。

⑤练习表达：在准备例子时，练习清晰地表达你的经历和应对策略。使用简洁明了的语言，避免冗长或复杂的叙述。

⑥与职位相关联：确保你的例子与应聘职位相关，展示你的能力和经验如何与该职位的要求相匹配。

⑦准备追问：预测面试官可能会对你的例子提出的问题，并准备好相应的回答。这可以展示你对自己经历的深入理解和反思能力。

通过以上步骤的准备，你将能够在面试中自信地分享具体的例子，展示你在困难和挑战面前的应对能力和解决问题的思维方式。

记住，不要惧怕任何困难和挑战，因为这些都是职场常态，只要你愿意去努力学习并克服，就一定能够战胜并且驾驭这些难题。

▶ 另类面试：巧妙提涨薪

尽管面试通常指的是入职前的交谈，但实际上，提出涨薪要求也可视为一种面试，因为它同样是一种博弈，只是与应聘时的面试略有不同，我们可以将其看作一种另类的面试形式。

在公司工作一段时间，取得了一定成绩后，提出涨薪要求是合理的。然而，这是一个需要谨慎处理的问题，因为处理不当可能会导致失去原本不错的工作。以下是我给出的一些关于如何提出涨薪要求的建议。

（1）提前做好准备

在提出涨薪要求之前，先去招聘市场了解当前岗位和市场薪资水平，结合自己当前的工作表现和业绩贡献，评估出涨薪的浮动比例或者具体的涨薪金额，这些市场数据会在你和HR 谈话时为你提供有力的支持。记住千万不要没有任何准备就贸然提出涨薪要求。

（2）选择合适的时机

选择在公司业绩相对稳定和良好的时候提出涨薪要求，获得支持的成功率会更高。如果公司正在面临亏损或者自己本身成绩不佳时，则不建议提出涨薪要求。

（3）以积极的方式表达

提涨薪要求本质上是一次对薪资体系的挑战，因此积极的态度和方式很重要。谈薪时要把你对公司的贡献和价值放在前面，毕竟对企业来说，"业绩治百病"，你有业绩，才有底气。

（4）提出具体的要求

明确说明你希望获得的涨薪幅度，并提供合理的理由和依据，避免含糊不清或过于贪心的要求。

（5）强调职业发展

将涨薪要求与你的职业发展联系起来，说明涨薪对你个人成长和提升的重要性，切忌拉同事垫背。如告知 HR 某岗位某同事和我一样，薪酬却比我高出一截，要求同酬同薪，这可是致命的职场错误，一定要避免。因为这样做不仅不会获得 HR 的支持，还可能因为私下探听薪酬体系而被扣除绩效等。

（6）善于接受结果

如果最终的谈判结果没有达到你的预期，你可以尝试接受部分涨薪或其他形式的奖励，不能因为没有完全达到自己的要求就放弃涨薪机会，这会给 HR 留下贪心的印象。只要在行业薪酬范围内，加薪多少都算谈判成功。

（7）准备好回应

提出涨薪要求后，HR 可能需要和相关的负责人讨论你的需求。在这期间，HR 可能会提出一些疑问或反对意见，要做好准备来应对这些情况，并保持冷静和专业，不要被拒绝一次就退缩，只要提出要求，就一定要看到结果。当然，结果不一定和要求相符，但也要学会接受结果。

（8）表达感谢

无论最终的谈判结果如何，都要及时表达对公司和相关同事的感谢。

除了以上这些，最重要的是，要以诚实、专业和尊重的态度提出涨薪要求，如果公司不同意你的涨薪要求，也不要气馁或者失望。这里我给大家一些建议。

寻求反馈：首先要清楚不同意涨薪要求的具体原因，然后根据具体原因来做具体的分析。如果是企业遇到发展瓶颈、无可用预算，那可以要求给出业绩预算支持，在瓶颈期过后予以兑现。如果是因为自身的工作能力和水准没有得到上级的肯定，那你就需要拿出成绩来说明。

（1）接受现实

如果公司确实有明确的政策或预算限制而无法满足你的涨薪要求，你需要接受现实，并考虑其他途径来实现你的职业目标。

（2）重新评估

如果确实没有拿得出手的成绩，那么你需要重新评估自己的工作表现、市场薪资水平和职业发展需求。当然，尽量不要出现这种情况。在谈涨薪前，就应该把成绩罗列清楚，作为自己最有力的数据支持。

（3）制订计划

根据反馈和评估结果制订个人发展计划，这可以包括进一步提升自己的技能、承担更多责任、寻求晋升机会或寻找其他合适的工作机会。

（4）保持专业

无论最终的谈判结果如何，都要保持专业和积极的态度，不要因为 HR 或领导没有支持自己的要求就转变谈话态度或者对工作消极对待。应该继续努力工作，展示你的价值和贡献，为未来的机会做好准备。

（5）考虑其他机会

如果你实在无法认同公司的决定，认定其不公正或不合理，那么你可以考虑其他更好的工作机会，但前提是一定要作好准备和评估，不要贸然离开现有的工作岗位。

还有一点很重要，那就是不要因为一次涨薪要求被拒绝而感到挫败或失望，这是职业生涯中很常见的经历，始终保持积极的态度和持续的努力是关键。

这里我举一个例子。公司有一位运营经理，入职时公司给出的薪资是 6000 元，外加 2000 元的绩效，绩效系数为 0.5 ～ 1.5，也就是说，他的全额薪资最低是 7000 元，最高是 9000 元。入职半年后，他提出了涨薪要求，他是这样描述自己的涨薪理由的：

"作为该项目的一线负责人，我的工作内容是传达上级领导的指示，并向上级汇报下级人员的工作成果。同时，我还负责制定相应的运营计划以实现快速营收。如果我的薪酬过低，将不利于我发挥工作热情。目前为止，通过半年在公司的成长与努力，整个项目在稳步进行。我带领的小团队将最初的月 GMV 从 80 万元提升到了现在的 500 万元以上，整体业绩提升了 6 倍以上。而同行业竞品公司在该岗位的薪酬水平普遍在 15000 元左右。因此，我要求底薪从 6000 元涨到 8000 元，绩效从 2000 元涨到 3000 元。在系数不变的情况下，我的薪酬范围将是 9500 ～ 12000 元，最高点也比同行略低。我相信自己的能力和实力能够给公司带来更高的收益，所以我的薪酬要求是合理的。如果您也觉得我很适合这个岗位，希望能够帮我争取到更多的利益，这样我也才能更好地发挥我的才华和能力。"

他的整个描述非常有理有据，表情没有任何的逼迫或妥协，不卑不亢。他明确了自己的涨薪要求，并且在结尾表明了自己的忠心，既给足了领导情绪价值，同时又摆出了自己的成绩，让领导不得不重视他在公司的付出，从而认真考量对他的薪资调整问题。

这种铿锵有力的描述让人觉得他的涨薪要求十分合理。最终，经过与公司老板的商议，他的薪酬数额按照他的要求进行了调整。当然，他后续也确实在公司实现大规模营收上起到了关键的作用。

因此，在提出涨薪要求时，一定要完整表述自己的价值和技能，然后再不卑不亢地提出涨薪的要求，这样就很容易达到目的了。

附录一 40道常规面试题及参考答案

无论面试官是什么职位，作为应聘者，免不了被问到各种各样的问题。一旦你没有领会面试官的问话意图，甚至曲解了对方的意图，那很有可能之前所谈的一切就白费了。

比如，面试官问你："你的职业规划是什么？"你回答："我想三年升主管，五年升总监。"这样的回答就太笼统了。

中小型以及微型企业的面试其实非常简单，且没有固定的模板格式，你能不能面试成功，很多时候取决于面试官对你的第一印象，甚至有时候你的专业技能都不是最重要的，面试官对你整个人的外在观感，以及在聊天过程中对你的个人喜爱度，80%决定了你能否正式入职。

所以，如果你掌握了面试时该说和不该说的话，就已经成功了一大半。下面给大家准备了面试时常见的40道题以及参考答案。

（1）请先做一下自我介绍。

（2）你为什么选择我们公司？

（3）你对我们公司有什么了解吗？

（4）说一说你的优点。

（5）说一说你的缺点。

（6）你有什么优势吗？

（7）你为什么觉得你能够胜任这份工作？

（8）如果成功入职，你会怎样开展工作呢？

（9）你有什么兴趣爱好吗？

（10）你是零经验，为什么觉得能够胜任这份工作呢？

（11）你为什么转行呢？

（12）你如何看待加班？

（13）你从上一家公司离职的原因是什么？

（14）谈一谈你的职业规划。

（15）你老家那么远，为什么会来我们这儿工作呢？

（16）你对这个岗位有什么理解吗？

（17）你对出差有什么看法？

（18）用三个词描述一下自己。

（19）您目前在职吗？

（20）可以分享一下你之前的工作经历吗？

（21）如果落选了，你会怎么做？

（22）如果你成功入职，但经过一段时间发现不适合这个岗位，你会怎么做？

（23）说一说你对我们这个行业的看法。

（24）你还有应聘其他公司吗？

（25）有收到其他公司的 offer 吗？

（26）什么时候可以入职？

（27）为什么空窗期这么久？

（28）你大学学的是动漫专业，为什么想来这个岗位？

（29）你在以往的工作中有遇到什么困难吗？

（30）你还有什么想了解的吗？

（31）你的学历有点低，不太适合我们。

（32）如果你收到更好的 offer，还会来我们公司吗？

（33）你认为在做好本职工作和企业内部竞争之间应该如何平衡？

（34）我看你最近换了好几份工作，是什么原因？

（35）作为大专生，你跟本科生比有什么优势？

（36）从 0 到 1 搭建团队，你会怎么做？

（37）如果由于你的工作失误，给公司造成损失，你会怎么做？

（38）你的核心竞争力是什么？

（39）你解决问题的能力稳定性、自我调节能力与岗位的匹配度如何？

（40）如果你和你的领导意见不一致，怎么办？

（1）请先做一下自我介绍

这个问题的重点是要描述清楚自身基本情况、工作经历以及与该岗位相匹配的工作经验和优势。

参考答案："你好，我叫×××，毕业于××大学××系，我今天应聘的是新媒体运营总监岗位，我在上一份工作中主要负责美妆版块的新媒体内容运营，帮助商家通过达人投稿增加品牌热度等，在这个过程中，我接触了超过10000个美妆达人，懂得了新媒体平台的运营规律并积攒了相关的经验，并且取得了单日销售GMV破亿的成绩，所以我有信心能够胜任这份工作，希望能够加入贵公司，以上是我的自我介绍，谢谢。"

这份自我介绍的落脚点为和企业需求匹配，以及有相关经验能够胜任这份工作，并且真诚希望得到这份工作。如果具备以上三点，你很容易被面试官看中，并进入下一轮问答。

（2）你为什么选择我们公司

这个问题重点考查你对公司是否感兴趣、你对这个行业的理解程度以及入职后的稳定性。

参考答案："在此之前，我就对这个行业很感兴趣，通过各种渠道了解到该行业的发展前景很好，贵公司在行业中是龙头企业，公司规模挺大的，知名度也很高，而且这个岗位的工作内容和我的工作经验匹配度非常高，所以在众多的同类型公司中，我会优先选择咱们公司。因为我对咱们公司非常感兴趣，也想长期在这个领域发展，所以接到面试邀约就马上过来了。"

这样的回答能明确表现出自己对公司感兴趣、对行业感兴趣，并且入职后具有相当不错的稳定性。这样的回答很容易给面试官留下好印象。

（3）你对我们公司有什么了解吗

这个问题和上一个非常相似，都是考查你对公司的理解程度以及入职后的稳定性。可以参考上一个问题回答。

（4）说一说你的优点

这一题的重点落在以下4点：

①你所说的所有优点都必须对工作有正面帮助，没有帮助的优点不要说。

②可以解释你为何自认为是这个职位的最佳人选。

③根据职位特点来组织自己的优点。

④把握尺度，不要夸张，也不要过于谦虚。

参考回答："我是一个比较有责任心和有耐心的人。在以往的工作经验中，我和我的团队一起，从0到1搭建了直播间和短视频账号。在这个过程中，我们从开始的零粉丝起号，一直做到后面，能达到同时在线 1000 人、场观 ❶ 超过五万、一场直播售卖金额超过 1000 万元这样的成绩。而做到这种程度，我们只用了短短两个月的时间。所以我最大的优势就是能够专心并且专注地完成我的工作，并且把它做得非常优秀。"

这个回答既说明了你的优点，又把你过往的经历非常具体地描述了出来，优秀的成绩也能引起面试官对你的兴趣。

（5）说一说你的缺点

说到缺点，你的回答有三个重点：第一不能说自己没有缺点，也不能把那些明显的优点说成是缺点；第二是不宜说出严重影响所应聘工作的缺点；三是不宜说出令人不放心、不舒服的缺点。

参考答案："我做事情的时候，有时候会比较急躁，比较固执和坚持。比如我们之前在完成一个短视频账号的搭建时，团队都认为应该使用同行业的模板来搬运或者进行二次创作，能够更快地把账号拉起来，但是我依然决定全部采用原创的形式来制作。虽然我们完成任务的时间比预期长了些，但最终的效果比二次创作要好很多。所以我认为，有时候坚持和固执，

---

❶ 场观：直播术语，指的是一场直播中，总共有多少人进入过直播间。直播间的场观数据量越大，说明账号的推流越多。场观和在线人数不是同一个概念。

可能会让整个团队的效率没有那么高，但最终只要能够取得好的结果就是最好的。"

其实这个回答里面，坚持和固执都属于中性的性格，不能说是缺点，但也不能是优点，所以就看你怎么去理解。这个时候举一个例子，能够让面试官感觉到你的确是固执和坚持己见的人，但是你最终又把事情做得很漂亮，所以其实是明面上贬低，实际上是自夸。

面试官问这个问题的意图是什么？其实是想知道你能否认识到自己是一个善于反思自省的人。这个时候应该规避和岗位关联太大的缺点，找无关痛痒的去说。比如可以这样去讲："我个人比较喜欢做事之前做足充分准备，把工作完成得更好，有时候效率方面可能会偏低，为了优化这个情况，在接手项目后我会制订详细的计划和时间表，这样可以更好地安排时间并减少延期的情况，还会使用时间管理工具来帮助我提高工作效率。这些措施目前已经取得了良好的效果，我相信可以持续优化。另外，我还将平时工作中涉及的专业知识或项目汇总成册，提炼关键点，用来提高工作效率。"

如果对方又追问你最大的优点是什么，该怎么办呢？

这时候可以把自己的优点分为专业能力和职业能力两部分，这两部分都需要分别去举例。比如，专业能力方面，你可以这样说："我在过去的两年内一直在护肤品内容运营赛道深耕，积累了比较多的经验，在之前的公司任职期间，我负责整个面部护理的项目，主要是各大电商平台的内容端输出，包括短视频和图文以及达人的推广内容制作，这个项目通过我3个月的运营，产出了600万元的GMV，同比增长了160%。"

再来说职业能力方面，你可以这样讲："我的工作习惯是早上来公司把一整天要做的事情做一个全面的梳理，并且在很短的时间内和核心人员一起做个研讨，基本上在半天时间内就能把整天的工作安排妥当，并且完成60%以上，所以我的团队工作效率很高，这也是我一直以来的习惯。"

从以上两个方面去讲自己的优点和缺点，你会很受欢迎。

（6）你有什么优势吗

这道题和上一道题很相似，区别在于，前一题要求你做基础陈述，而这一题可能是面试官在听完你的基本个人介绍以后，仍然没有听出来你的个人优势在哪里，因此进行补充提问。

这道题的重点是，你需要根据所应聘的职位，明确该职位最需要的技能和特点，并据此回答自己拥有哪些相关优势。例如，你应聘的是短视频剪辑职位，这个职位需要的是细心、耐心以及一定的审美能力。在回答优势时，你就应该围绕这些方面来阐述。

参考答案："我的优势在于我是一个非常耐心和细心的人，对待事情总是非常谨慎且注重细节。我热爱一切美好的事物，尤其在做视频剪辑时，我会确保每一帧都呈现出最完美的效果，绝不会轻易妥协。这就是我认为自己在这个职位上的优势。"

（7）你为什么觉得你能够胜任这份工作

面对面试官这种带有一定压迫性的反问，稳住自己的底气至关重要。在这个问题上，你可以采用以下回答公式：对岗位的了解＋自身优势＋与岗位的匹配度＋工作计划。

参考回答："面试前，我对该岗位的任职要求做过深入了解，这个岗位需要的是一个具备抗压能力、有计划性，并且文案水平不俗的人才。在以往的工作中，我主要负责短视频的文案创作，因此积累了一定的文案功底。在曾经参与的一个包含超过100条短视频的项目中，我们实现了亿次播放的佳绩。这个过程不仅锻炼了我的文案结构和策划能力，也让我相信这些与该岗位的基本要求高度匹配的优势，能够使我在未来的工作中表现出色。"

回答这个问题的关键在于，你要能深刻理解这份工作究竟需要什么样的人。因此，回答时必须具体、实在，避免空洞无物。使用具体的例子和数字来打动面试官，因为具体的数字会让人感觉这个项目确实是你亲身参与的，而不是虚构的。

如果面试官这样问："你的经验不足，你为什么会觉得自己能够胜任呢？"

这个问题其实是一个陷阱，错误的回答可能是："虽然经验不足，但是没关系，我可以学习。"然而，在经济环境不佳的情况下，公司往往不愿意培养一个没有经验的人。

如果你是没有经验的小白，正确的回答应该是这样的：

"虽然我确实缺乏直接的工作经验，但我在学校期间曾参加过大型的新媒体宣传项目，并在小组中取得了第二名的成绩，我个人还获得了'荣誉个人'的称号。在这个项目的参与过程中，我掌握了新媒体宣传的基本能力和内容营销的基础技能，这与我们现在招聘的新媒体专员一职的要求完全吻合。此外，我还自学了Photoshop软件和office操作等技能，目前能够设计制作简单的图片，并且获得了office高级操作员的证书。常规的办公文件我都能熟练处理，并运用到工作中。因此，我对从事这份工作非常有信心，也认为与贵公司的岗位要求比较匹配。希望能有幸加入贵司。"

这个回答既掩盖了小白的劣势，又清晰地展示了自己的优势，让面试官听完就忍不住想要给你发offer。

如果你是转行过来的，对当前行业不是特别在行，但工作经验却有好几年，那么你可以这样回答：

　　"我很明白您的顾虑，虽然我没有直接从事过这个岗位，但我以往的工作与该岗位有很多共通之处，比如沟通能力和方案制定的能力。我们最终的目的都是做出让客户满意的运营方案。出于职业规划的考虑，我决定转行到新媒体运营专员这个职位。为此，我之前系统地学习了新媒体运营的课程，做了很多准备，并在腾讯举办的首届社群运营课程中获得了进阶运营师的证书。在短视频与私域运营这部分，我认为我与岗位之间非常契合，相信自己能够胜任这个岗位。在未来的职业发展中，我会在这个岗位上继续深耕，为公司创造更多的价值。"

　　这个回答基本上可以打消面试官的顾虑。可见，从共通的部分切入回答，会有意想不到的效果。

（8）如果成功入职，你会怎样开展工作呢

　　这个问题的重点在于，求职者需要提前了解职位职能，才能做出回答。

　　参考答案："首先我会听取上级领导的指示和要求，然后根据有关情况进行了解和熟悉；接着制订一份近期的工作计划，并报领导批准；最后，根据这份计划去开展工作。比如我现在应聘的是抖音运营的岗位，那么我成功入职以后，第一时间会分析我们目前的抖音账号情况；然后根据账号的定位以及我们未来要宣传的产品风格、受众人群等，做一份简单的账号

分析规划；再根据规划制定相应的工作内容，和小组的其他同事共同讨论，之后再给领导报批。如果没有什么问题，我将会在不断深入了解的过程中，调整计划并按批报的情况执行。"

这样回答这个问题，说明你是一个非常有条理的人，也会很容易得到面试官的青睐。

（9）你有什么兴趣爱好吗

这道题的重点是，你需要根据所应聘的职位来回答自己的兴趣爱好。

有些人可能会直接说自己喜欢打篮球、画画、摄影或旅行等，但实际上，HR询问你的兴趣爱好，并不是真的想知道你所有的爱好，而是希望了解你在工作之余会做些什么，以及这些爱好是否与你的工作有关。

如果你应聘的是文案岗位，你可以说自己喜欢阅读和写作；如果是运营专员，你可以说自己的爱好是关注行业资讯或娱乐游戏等；如果是内容运营，你可以说自己热爱追星、刷剧，同时也关注行业资讯；如果是设计师，你可以说自己热爱画画和与艺术相关的事物；如果是活动市场类的职位，你可以说自己喜欢舞蹈、唱歌，或者是参加演讲、桌游等活动。

舞蹈和唱歌表明你很外向，善于沟通；热爱桌游和演讲说明你口才出众，思维敏捷。总之，你的所有兴趣爱好都应该尽量与你当前所应聘的岗位有关。

与岗位要求的工作内容无关的兴趣爱好，尽量不要提及。

（10）你是零经验，为什么觉得能够胜任这份工作呢

这道题的重点有两个：第一，如果面试官提出这个问题，说明他并不是真正在乎经验，而是在乎你当下的心态；第二，回答需要突出自己的学习能力，有快速上手的能力。

参考答案："作为一名应届生，我在工作经验方面的确会有欠缺，因此在读书期间，我一直利用各种机会在这个行业里实习，我也发现实际工作内容远比书本知识丰富复杂。但我有较强的责任心、适应能力和学习能力，而且比较勤奋，所以在实习中，我能够圆满完成各项工作，实习获得的经验也令我受益匪浅。所以请您放心，学校所学及实习的工作经验，使我能够胜任贵公司的职位，而且能快速上手。"

这个回答其实给 HR 吃了一颗定心丸，因为他需要的就是一个能够快速上手、拥有很强学习能力的同事。

（11）你为什么转行呢

这个问题考查的重点是你的稳定性和职业规划。

参考答案："在过去的工作中，我其实一直在新媒体行业的运营专员岗位，主要负责商家基础运营，并且在 2 个月内完成了超过 1000 家商户入驻的目标。但是近两年这个行业开始

走下坡路，后来在一次偶然的机会中，我接触到美妆行业，发现这才是我的兴趣所在。于是我查阅了很多有关行业的资料，大概了解了这个行业的趋势，经过深思熟虑后决定转行。在我的上一份工作当中，我积累了电商运营的经验和商品推广的能力，这些经验和能力可以很好地迁移到这份工作中。所以说，转行其实不是我一时头脑发热，而是我经过深思熟虑，并且决定未来要专门去运营的工作。"

这么一讲，即便你是0经验转岗，面试官也会对你青睐有加。

（12）你如何看待加班

回答这个问题的重点是表明自己的工作态度，并巧妙地询问公司的加班情况。

参考答案："首先，对于公司因突发事件而进行的紧急加班，我完全理解，并会积极配合公司的安排。当然，在日常工作中，我会保持高效的工作效率，保质保量地完成工作任务，尽量避免不必要的加班。不过，我想提前了解一下，贵公司的加班频率是怎样的？如果加班的话，公司会有怎样的补偿措施呢？"

这样的回答有两大好处：

第一，你先表明了自己的工作态度，即愿意在需要时配合加班，显示出你的积极性和责任心。

第二，你又巧妙地把问题抛回给 HR，询问加班是否有补贴，这样既能了解公司的加班政策，又能显示出你的谨慎和考虑周全。如果 HR 告诉你没有补贴，那你基本就可以判断公司可能会经常性地要求无偿加班；而如果 HR 给出了补贴的标准，那你就可以放心入职，因为这说明公司对于加班有明文规定的补贴政策，是一个正规且有一定可信度的公司。

很多人可能为了得到这份工作，会回答说偶尔加班是可以接受的。但这样的回答过于笼统，面试官无法看出你对加班的态度。作为面试者，在既不想失去工作机会又不愿意经常加班的情况下，你可以这样回答：

"在工作中，我理解可能会出现一些紧急情况需要加班，对此我并不排斥。其次，如果是由于刚入职不太熟悉公司的业务流程而需要加班，我愿意花时间去学习和弥补不足。同时，我也会努力提高个人工作效率，在规定时间内完成工作，尽量减少不必要的加班。最后，既然您提到了加班的问题，我想了解一下咱们公司的加班情况是怎样的？一般在什么情况下会需要加班？这样我可以提前做好准备。"

（13）你从上一家公司离职的原因是什么

在回答这个问题时，一定要注意避免吐槽前老板、前领导，或是提到生病、工资低、同事不给力等任何消极的原因。以下是几个不同情况下的参考答案。

如果你的实际离职原因是被裁员，你可以这样回答：

"由于大环境的影响，整个行业都在进行缩减，考虑到长期发展，我经过深思熟虑后决定转行到现在的新媒体行业。"

如果离职原因是与领导和老板之间产生了摩擦，你可以这样回答：

"在之前的岗位中，我已经积累了丰富的技能和经验。为了不断拓展自己的知识面和获得更多的学习机会，我希望能够尝试新的挑战，因此决定寻找新的工作机会。"

如果是因为工资低，你可以这样回答：

"在之前的岗位中，我不仅掌握了丰富的技能和经验，我的业务能力也得到了显著的提升，并得到了上级领导的认可。然而，由于薪资上涨幅度有限，为了更好地发展，我决定重新寻找能够提供更多发展机会的工作。"

无论离职原因是什么，切记要用正面、积极的方式来回答，并强调你是出于个人发展和寻求更好机会的目的而做出这个决定。

（14）谈一谈你的职业规划

这个问题的重点在于考察你的稳定性，你对岗位的理解以及是否具有上进心。

参考答案："如果有幸进入贵公司，首先我会尽快了解自己的工作内容以及职责，了解公司规章制度，尽快融入公司。未来一年，我将努力积累行业经验，不断提升自己的技能水平；未来三年，我也希望能够紧跟公司发展，与同事团结协作，对公司的整体业务有更深入的了解，并努力提升自己的业务水平和管理能力，为公司创造更高的价值。"

这个回答从短期的一年和中期三年的角度做了规划，显示出你有着长远的目标，并且没有过多提及个人职位职称的晋升，这是很重要的。因为很多人在回答这个问题时，往往会说"我希望一年升主管，三年升总监"，这样的回答过于个人化，并不是 HR 想听到的。HR 更希望听到的是你从公司角度出发的规划。

所以，回答这个问题的诀窍是：从公司的角度出发，不要将个人利益放在第一位。同时，一定要把重点放在当前应聘的岗位上。我们可以这样说：

"由于我本身的工作年限比较短，所以近期我希望还是把重点放在提升专业技能上。如果有机会的话，我希望能深入内容运营领域，并在这个岗位上做到独当一面，有机会负责一些重要的项目。至于更长远的规划，目前我还没有太具体的想法，因为行业变化比较快，我认为立足当下是更重要的。当然，如果伴随着能力的提升，有机会带领团队，我也会相应地提升自己的管理技能。"

（15）你老家那么远，为什么会来我们这儿工作

这个问题的重点是考查你的稳定性，因为 HR 会担心你由于结婚或其他原因随时离开这里，回到自己的故乡。

参考答案："首先，我之前来过咱们 ×× 旅行，在这边玩了几天，觉得这个城市的风土人情非常吸引人。另外，我觉得这座城市发展越来越快，工作机会也比较多，所以我希望自己能够在这里多多积累经验，获得更快的成长。未来至少 3 ~ 5 年的时间，我都打算留在这里发展。"

如果你已经有家庭了，你还可以这样回答："因为我已经在这里定居了，成了新 ×× 人，所以未来我都会在这里发展，不会再回老家。"

听到这样的回答，HR 大部分都会感到安心，也能确定你的稳定性非常不错。

（16）你对这个岗位有什么理解

这个问题的重点是考查你对岗位的理解、工作内容以及你的自身优势是否能够很好地与岗位需求相结合。

参考答案："在面试前，我对贵公司该岗位的主要工作内容进行了一些了解。我认为，这个岗位需要对整个新媒体行

业的未来发展前景有一定的洞察力，并能够根据行业规则的变动及时调整公司的运营策略。因此，这个岗位在公司中扮演着至关重要的角色，需要能够快速、准确地根据行业情况转变运营思路。

在过去的工作中，我主要负责新媒体运营版块，通过短短三个月的时间，我就完成了至少五个品牌的账号搭建，并取得了超过八位数的 GMV 运营业绩。在这个过程中，我获得了良好的应变能力、思维能力和观察能力，这与该岗位的基本要求完全匹配。如果能够顺利入职，我计划在未来六个月左右的时间内，完成七位数的 GMV 运营目标。"

（17）你对出差有什么看法

这个问题的重点是考察你对家庭和工作之间的平衡度如何，因为工作可能会需要出差。

参考答案："我认为出差是工作的一部分，我完全接受公司的安排。公司派我出差，说明对我的信任和对我的工作能力的认可。我个人也希望能够借此机会开阔视野，更好地完成工作。由于我的家庭没有特别的牵绊，所以出差对我来说是完全可行的。"

实际上，即使有所顾虑，也应先表示接受，因为实际工作中的出差安排是可以调整的。

（18）用三个词描述一下自己

这个问题的考察重点是你的工作能力和性格是否和该岗位相匹配。回答时应避免含糊其辞。比如，你可以说"认真、负责、坚持"，然后再用具体的事件和结果去论证这三个词。

（19）你目前在职吗

这个问题的重点是考查你的入职意向以及薪资空间。参考回答有以下两种。

①在职。"我个人希望能够尽快入职，为公司效力。但由于我所在的原单位还有许多工作未交接，交接大概需要一周到一个月的时间。"

②非在职。"我需要根据工作地点租房。如果能够拿到offer，最快一周内可以入职。"

这样的回答给自己留了一些空间，没有把时间说得太死。

（20）可以分享一下你之前的工作经历吗

回答的重点是要突出过往工作中与应聘岗位相匹配的工作经验，以及自己的成绩。这个成绩必须有数据支撑，不能写任何宽泛或假大空的内容。

可以参考第4个问题的答案。

（21）如果落选了，你会怎么做

这个问题重点考察求职者的逻辑思维、抗压能力、心态、对待困难的态度、处理问题的思维方式、计划性以及条理性。

　　参考答案："首先，如果我没能被贵公司录用，我会觉得有点遗憾，但我也会坦然接受这个结果，并且会及时调整好自己的心态。同时，我也会认真反思在整个面试过程中出现的失误与不足，分析失败的原因，加强学习，努力弥补自己的不足。最后，无论结果如何，我都非常感谢您能够给我这次面试的机会。这个岗位以及贵公司都是我非常向往的，我也非常希望能够得到这个宝贵的工作机会。"

　　我们不仅要感谢对方给予的面试机会，也要稍加期待，因为面试官很可能因为你这个回答而决定录用你。

（22）如果你成功入职，但经过一段时间发现不适合这个岗位，你会怎么做

　　这个问题重点考查求职者的随机应变能力、学习能力、抗压能力以及工作稳定性。

　　参考答案："我相信自己的选择是正确的，既然选择了，就证明我确实喜欢这个岗位和公司，所以我自己会为自己制订一个短时间内能提升工作效率的计划，加强与同事之间的沟通和协作，确保跟上公司发展的脚步。"

　　其实，这个时候面试官可能是在拐弯抹角地问你"面对被辞退的情况该怎么处理"。如果你回答"不适合也没有关系，我先试试再说。"那就错了。

你可以这样回答："首先，我应聘贵司的这一职位是经过深思熟虑后做出的决定。如果出现了您说的这种情况，我会首先确定这是个人长期无法解决的问题还是短期可解决的问题。如果短期内出现这种情况，可能是因为不适应新环境，我会努力向领导和同事们请教，并快速调整心态与工作方向。如果是长时间内无法解决的问题，并与个人职业发展目标冲突的话，我会主动与领导沟通，说明在工作中哪些地方出现了问题，以及我一直不适应的情况。然后，我会主动申请调换岗位或寻找更合适的机会。总之，我选择投递这个岗位，就代表我当下已经做足了心理准备。在遇到问题时，我不会轻易放弃，而是会积极寻找解决方法，以便更好地胜任这个岗位。"

这样的回答就既顾全了公司的面子，也保留了自己的权利。

（23）说一说你对我们这个行业的看法

对于这个问题的回答，重点是在面试前对该行业的相关信息做调查，对公司各部门发展情况也要提前做好了解。

参考回答："其实在三年前我就接触过这个行业，一年前，我在这个行业做过深度的服务。我认为新媒体行业是未来的发展趋势，是大势所趋，也是一个非常锻炼人的工作领域。在未来，我会投入100%的精力在这个行业中发光发热。"

（24）你还有应聘其他公司吗

这个问题重点是考查你的求职意向和职业规划。

参考答案："在面试前，我已经对行业内数十家公司进行了各方面的综合评估，并结合自己的职业规划筛选出其中的两家同行业的公司。通过在面试之前对公司的了解以及和您的谈话，我感觉咱们的公司文化和发展还挺适合我的。贵公司是一个全球化且紧跟时代发展的公司。我所应聘的岗位是新媒体运营，需要对行业有非常高的敏感度。这个岗位的要求和我的过往经历是非常匹配、契合的，同时也是我想要长期深耕的方向。我非常想在这个行业发展自己，因此我觉得如果能够进入咱们公司，那将是我最佳的选择。"

这个回答的要点就是表达自己对当前公司的满意度非常高，但同时，自己也有其他几家公司在看。既说明了自己的诚意，也留足了后路。

（25）有收到其他公司的 offer 吗

这个问题的重点是考察你对当前企业的意向度以及个人的市场竞争力如何。

参考答案有两个。

第一个是收到了，可以这样表述：

"我目前确实收到了两家公司的 offer，但除了薪资待遇，我更看重平台的发展。贵公司目前所处的行业和赛道是我看好并且感兴趣的，也更符合我的职业规划。而且我的能力与公司岗位是比较匹配的，如果贵公司录用我，我会优先选择。"

第二个是没有收到，可以这样表述：

"我是这两天才开始面试的，对于本次求职我比较谨慎，只选了几家意向度比较高的公司。目前有两家公司的面试还在流程推进中，我还没有收到 offer。但我对贵公司行业发展前景非常看好，和您沟通下来也非常愉快，所以我会更加倾向于加入贵公司。"

这两个回答是完全不同的方向。第一个回答表达了自己非常有市场竞争力，如果 HR 对你也比较满意的话，他一定会尽快给你发放 offer，希望能够留住你。第二个回答其实表达的是，虽然没有收到其他 offer，但是如果你早下手的话，就能够早一点得到我。这也能起到让 HR 快速做决定的作用。

（26）什么时候可以入职

这一题和 19 题类似，可以参考第 19 问的答案。

（27）为什么空窗期这么久

这个问题考查的重点是求职者对企业的忠诚度及稳定性。

参考答案："在没有就业的这段时间内，我其实是有在持续寻找工作机会的，也拿到了一些薪资待遇都不错的 offer。

但从行业上来说，我更偏向于咱们公司所在的行业。因此我选择利用这段时间提升自己的职业技能，沉淀过去的工作经验，再寻找更契合的公司。如果只是为了糊口而入职，我认为那是对公司和个人的不负责。我的职业规划也是在这个行业长期发展，所以对公司的选择更谨慎一些。来面试也是因为我非常看好公司未来发展前景和运营模式，所以很希望能够有机会在贵公司长期发展。"

这个回答巧妙地避开了空窗期的问题，表达了自己在这段时间是有和行业同步发展，并且在努力提升自己的。

（28）你大学学的是动漫专业，为什么想来这个岗位

这个问题考查的是你的稳定性和规划能力。

参考答案："在大学学习动漫专业的过程中，我逐渐发现自己对本专业的兴趣并不如预期那么浓厚。所以就一直想要探寻自身不同的可能性，在探寻的过程中，我接触到了新媒体这个岗位。通过学习和积累相关知识，我逐渐对这个岗位的工作内容产生了浓厚的兴趣。我认为自己在新媒体领域有更多的发展潜力和机会，所以决定投身于这个岗位，希望能够在这个领域有所作为。"

注意，回答这个问题时，千万不要说"因为父母让我选择什么专业，然后我就选择了什么专业，最后读下来发现自己

不感兴趣"，否则你传达给 HR 的信息就是你是一个缺乏主见的人，一定要忽略掉所有的外部因素，直接表达"自己是因为对这个专业有一定的喜好才去报考的，但是实际学下来发现和自己的兴趣爱好以及未来的发展前景不是特别搭"会更好。

这样的回答既表达了对当前岗位的浓厚兴趣，也避免了对本专业的贬低，同时展现了自己的规划和决策能力。

（29）你在以往的工作中有遇到什么困难吗

这个问题重点是考查你的抗压能力、解决问题的能力以及学习和复盘的能力。

回答重点应该围绕自己的失败经历，并分析失败原因及解决方法。回答这个问题，一定要弱化失败的主观原因，突出客观原因，总结出的解决方法中一定要加入自己不可或缺的助力。

参考答案："在以往的工作中，我确实遇到过一些困难。比如，在运营一个花茶账号时，由于资金受限，我们在拍摄和文案上没有投入太多资源，导致账号起号周期特别长。为了解决这个问题，我们决定减少短视频的数量，但保证每个视频的质量和美感。经过三个月的努力，我们成功把这个账号做到了品类前十名。这次经历让我学会了如何在有限的资源下，通过优化策略和方法来达到预期的目标。"

这个回答既表达了自己遇到的困难是客观原因导致的，又突出了自己解决问题的能力和复盘学习的能力。

（30）你还有什么想了解的吗

这时候问的问题不要太多，2～3个即可。如果是HR来面试，你可以问他试用期多长、薪资待遇如何、转正的标准是什么、公司晋升的机制是什么以及五险一金缴纳的比例是什么。这些都是职场人最关注的问题，也是HR最了解的内容。

如果是部门的负责人或者老板来面试，那么你可以问一些更具体的问题，比如，"如果有幸入职，我应该在工作前提前准备什么？"或者"未来加入团队，您对我的期望是什么？"这样的问题更能体现你对工作的认真态度和对未来的规划。

（31）你的学历有点低，不太适合我们

这个问题重点是考查你的心理素质、随机应变能力、是否有上进心等，本质上就是想压价。回答时一定要注意，不能退缩，更不能自卑。

参考答案："您提到关于学历的问题，这确实是一个事实。在过去，我可能没有意识到学历的重要性，导致没能进入一个更好的学校。但我认为，过去的成绩并不能代表我的未来。我一直在努力提升自己的能力和竞争力，通过不断学习和实践来

丰富自己。我相信，在职场中，更重要的是各项能力和技能，比如该岗位所需要的应变能力、抗压能力以及独立制订计划的能力等，我在过往的工作中都有充分的体现，所以我相信我能够完美胜任这份工作。"

这样的回答既坦诚又自信，能够快速把问题变成答案，也能够获得 HR 的好感。

（32）如果你收到更好的 offer，还会来我们公司吗

这个问题的重点是考查你的入职意愿度、情商以及随机应变能力。

参考答案："在更好和更合适两种选择中，我会选择更合适的。因为我在投递简历和面试前，已经通过各种渠道对公司做过深入的了解。无论是企业的文化价值观，还是贵公司的发展前景，都和我的职业规划相契合。再加上刚刚与您沟通后，我更加确信贵公司更适合我。所以如果贵公司愿意录用我，并且能够满足我的薪资预期的话，我是非常希望能够加入咱们这个大家庭的。"

（33）你认为在做好本职工作和企业内部竞争之间应该如何平衡

这个问题很有意思，通常在面试管理岗位时会遇到。在大企业中，各部门或事业组都有一个"一把手"，他们可能会

为了抢夺资源和职场权利而展开"内斗"，这是不可忽视的问题，也是企业至今难以解决的痛点。

面试官问你如何平衡内部竞争与本职工作，很明显是在试探你是否会参与职场内斗。你可以这样回答：

"在任何情况下，我都以本职工作为先。如果内部竞争是为了更好地完成项目，我会积极参与。除此之外的竞争，我概不关心。"

你一定要表明自己绝不参与任何派系以及领导之间的阵营站队，这是面试官想听到的标准答案。

（34）我看你最近换了好几份工作，是什么原因

这个问题的重点是考查求职者的稳定性和职业规划。千万不要说因为公司不好才一直跳槽。

如果跳槽的岗位和自己当前的岗位相同，你就这样回答：

"我确实在过去半年时间频繁换了几份工作，但每一步都是跟着我的职业规划走的。在过往的工作中，我积累了数据分析的经验，提高了自己的数据规划能力。我觉得自己在一次次的跳槽中得到了锻炼和提升。然而，随着阅历的增长，我觉得自己需要在规划好的领域中稳定下来，一步一步努力工作，实现自己的价值。"

如果过往行业与自己当前的面试岗位不同，你要这样

回答：

"我确实在过去半年时间里频繁换了几份工作，因为一开始我觉得自己还年轻，想多尝试不同的行业岗位，通过跳槽找到更适合自己的岗位。在过去的工作中，我一直在新媒体行业做运营工作，主要负责账号的搭建，并且也取得了不错的业绩。但后来我发现这个行业开始走下坡路。在一次偶然的机会中，我发现了我现在更感兴趣的这个行业，并且查阅了很多相关资料，了解了行业趋势。经过深思熟虑，我才决定转行。而且我在上一份工作中积累了非常不错的数据分析能力，这刚好可以迁移到这份工作中。"

（35）作为大专生，你跟本科生比有什么优势

这道题有一定的难度，回答不好就会让自己陷入被动的境地。

参考答案："作为大专生，我的专业能力和动手能力是完全不用担心的。和本科生相比，可能他们在创造力方面更强一些，这也是我目前欠缺的部分，我正在努力弥补。当然，专科生也有自己独特的优势。就我个人而言，我注重细节、专注细心，在细枝末节的事情上能够做到精准把控，拥有很好的实操能力。"

记住，在回答这个问题时，一定不要贬低本科生。

（36）从 0 到 1 搭建团队，你会怎么做

参考答案："我一直觉得从 0 到 1 比从 1 到 100 要难得多。前者需要从无到有，构建商业模式和企业文化等，是从量变到质变的过程；而从 1 到 100 是复制的过程，会简单得多。那么如果让我来从 0 到 1 搭建团队，我会从以下几个方面入手。

①先明确项目的规模与市场定位，确定团队所需人才的数量与技能要点。

②制定详细的资源分配表，明确组织内各人员的工作内容与组织架构等。

③根据计划在招聘平台上进行人才的面试邀约与录用等。

④对录用的人才建立有效的管理机制和绩效评估体系，确保项目的正常进行。

⑤评估与反馈团队的工作效率和结果，并进行及时调整与改进，以适应整个项目的整体进度。

以上是我从 0 到 1 搭建团队的整体思路。"

（37）如果由于你的工作失误，给公司造成损失，你会怎么做

这个问题一定要谨慎回答。如果说自己赔偿，那就是给自己挖了一个大坑；如果说公司赔，那面试可能就直接结束了。

参考答案："在工作中，我是个特别细心谨慎的人，我会仔细核对自己的工作内容，尽可能不出现失误。但如果的确是因为我个人的工作失误，给公司造成了损失，我相信公司会给我相应的处罚，我也会接受的。"

（38）你的核心竞争力是什么

核心竞争力就是和别人相比我有而别人没有的东西。这时候不要说认真负责这种话，直接用数据和成绩说话就可以了。

参考答案："我在之前的工作中积累了大量的达人资源，可以直接建立联系的至少有30000人。我们公司做品牌推广必然少不了达人的推广助力，所以我的核心竞争力就是可以通过这些达人资源为品牌实现热度增值，并且以低于市场价的价位争取到合作。"

也就是说，可以把能让面试官心动的、别人没有的资源拿出来说，这样才更有吸引力。

（39）你解决问题的能力稳定性、自我调节能力与岗位的匹配度如何

这个问题其实考察的是你愿不愿意在这个不怎么稳定的岗位上长时间干下去。

参考答案："从我之前的几份工作经历中您可以看到，我

的工作稳定性是非常不错的，一般不会轻易离职。出现任何问题我都会自己主动查看并确定是不是自己的问题。如果是自己的问题，我会尽快改正并与相关人员共同成长。"

（40）如果你和你的领导意见不一致，怎么办

这个问题你千万不能说"意见不同，我当然听领导的"，这样你就大错特错了，会显得你没有主见。如果你说坚持自己的意见也不行，会让你陷入以自我为中心的不利境地中。

参考答案："意见不统一是因为每个人站的角度不一样，看到的问题不一样，这很正常。如果一定要取一个意见的话，我会把自己的想法阐述清楚，并且综合领导的意见去做一个折中的归纳和总结，大家一起探讨出一个更加完善的方案。"

如果面试官换个问法：你想和什么样的领导共事？

其实这个时候面试官想知道的是你是一个什么性格的人，你的内心深处是什么样的。如果你回答"我希望与和善、宽容的领导共事"，那就大错特错了。

参考答案："其实人和人之间，无论是工作还是生活，都需要一个磨合的过程。重点不在于对方是什么样的上级，而在于我应该怎样和领导有效沟通、保质保量地完成工作。很多时候上级是怎样的人并不是我能够决定的。无论是什么样的性格的上司，既然处于这个位置，他就有其过人之处和闪光点。

我都会从他们身上学到长处。即使是不同办事风格的领导，我也可以从工作角度出发，积极配合调整自己。"

这才是面试官想听到的答案。因为在职场中，我们大部分情况下是很难改变领导的处事风格的，但是我们能改变自己的工作风格。

附录二 15 道新媒体岗位面试题及参考答案

现在，市场上和新媒体相关的行业中，新媒体运营是比较受欢迎的岗位。与新媒体运营相关的岗位，基本上都能拿到不错的薪资。那么，想要进入新媒体行业，在面试时，我们应该注意哪些问题呢？

以下 15 道题，是新媒体行业面试中比较常见的问题。

（1）你是怎么理解新媒体运营这个岗位的？

（2）新媒体运营的工作内容有哪些，你最擅长什么？

（3）你为什么想转行做新媒体运营？

（4）新媒体运营必备的能力有哪些？

（5）谈谈你对小红书平台定位转化的了解。

（6）你认为拉新、留存、转化这些环节，哪个更重要？

（7）你知道的视频类平台有哪些，它们有什么不同？

（8）你了解过抖音的算法吗？

（9）公司账号交给你，你打算怎么做出爆款？

（10）你知道的提高用户黏性的方法有哪些？

（11）账号给你，你怎么在一周内涨粉 1000 人以上？

（12）说说你最近关注的热点。

（13）如果公司给你一个新账号，你打算怎么运营？

（14）你为什么要来我们公司做新媒体运营？

（15）你认为什么样的标题算是好标题？

新媒体岗位主要就是这十几个问题，我们一一来分析作答。

（1）你是怎么理解新媒体运营这个岗位的

这道题主要是考查你对行业的整体看法。

参考答案：

"我理解的新媒体运营，就是通过各种新媒体渠道，比如公众号、小红书、抖音、B站等持续产出优质内容，从而起到产品推广、引流、转化等作用，并最终为公司带来目标用户，从而实现盈利的目的。为了实现这个目的，我们需要具备文案撰写、用户调研、选题策划、数据分析的能力，从而根据不同阶段的目标对项目进行相应的调整和优化。总之，在我看来，新媒体运营的核心其实只有一个，那就是让产品活得更好更久。"

这个回答从根本上解决了面试官想知道的新媒体运营的底层逻辑。

（2）新媒体运营的工作内容有哪些，你最擅长什么

参考答案：

"①内容创作：这涵盖了选题策划、文案撰写、图片优化、

视频拍摄和剪辑等多个环节。

②数据优化：新媒体运营离不开对数据的深入分析和利用。我们需要对数据进行分析，了解用户的行为和偏好，以便优化运营方案，提升用户黏性和活跃度。

③活动规划：作为新媒体运营者，我们还需要具备策划和执行具体活动的能力。这包括确立明确的增长指标，并通过策划和执行线上线下活动来达到这些指标。活动规划需要充分考虑用户需求和市场环境，以制定切实可行的活动方案。

而我最擅长的就是用户增长。这恰恰需要我在内容创作、数据优化和活动规划这三个方面具备综合能力。"

这个回答非常巧妙，而且完美地达到了面试官想要的结果。

（3）你为什么想转行做新媒体运营

参考答案：

"①我转行新媒体运营不是盲目跟风，而是经过了深思熟虑。从个人发展角度来说，新媒体运营的发展前景良好，而且是全能型岗位，需要不断学习，与时俱进，对我个人的成长有很大的帮助。

②我通过系统地学习，已经掌握了运营所需的基本技能，比如文案创作、选题策划、数据分析等，并且我发现自己真的非常热爱新媒体运营这份工作。

③我已经开始运营自己的新媒体账号，并积累了一定的项目经验，因此我有能力胜任这个岗位。我希望能在这个岗位上持续贡献自己的力量，助力团队任务的顺利推进。"

（4）新媒体运营必备的能力有哪些

参考答案：

"①文案能力。撰写优质文案是一切内容的核心和基础，要善于挖掘和利用素材，在创作过程中产出符合用户调性、能够吸引用户的文案。

②内容策划能力。优秀的运营总是能打造出对应主题的爆款内容，因此，对选题内容的判断和识别能力非常重要，这是完成选题和策划的关键。

③数据分析能力。我们需要通过用户行为数据分析，来观察哪类选题是用户喜欢的。同时，结合具体的传播数据和转化数据，我们也能根据数据来调控后续的动作。

④用户思维能力。我们需要根据账号分析出用户画像，再进一步去思考这一类用户群体更喜欢什么类型的内容。"

（5）谈谈你对小红书平台定位转化的了解

参考答案：

"①小红书代表了现代人的一种生活方式，它既是社交平台，也是购物参考指南。不过，它起初的定位并不是这样的。

最初，小红书主要关注海外购物攻略，团队自己制作了一些有关海淘的知识内容。2014年，他们的口号变成了'找到海外的好东西'。

②后来，他们在应用程序中添加了商城功能，业务也扩展成了'找到全世界的好东西'。用户可以直接进行海外购物，形成了一个完美的商业闭环。2016年，他们的目标扩大为'享受全世界的美好生活'，内容主题从专注于美妆和海淘分享，拓展到了与生活相关的各个领域。健身、宠物、美食等内容也纷纷加入，大大丰富了平台内容，吸引了更多用户。

③随着2017年短视频在市场上的盛行，小红书一方面引入了名人，另一方面增加了短视频内容，进一步拓宽了内容的覆盖范围。这时的小红书从一个海淘经验分享社区成功转型为女性泛生活社区。他们的口号也升级为'记录我的生活'，开创了中国互联网内容电商的新篇章。

所以，我认为未来小红书会成为新媒体渠道中最适合做短视频以及图文种草的新平台。"

（6）你认为拉新、留存、转化这些环节，哪个更重要

这题非常有意思，回答不好话，就是在给自己挖坑。

参考答案：

"①这个得具体问题具体分析。因为这几个环节都是运营

工作中的必要环节，究竟哪一个更重要，我想这取决于当前我们的问题处在哪个阶段，工具只是解决问题的方法，而不是目的本身。

②如果产品或者推广处于早期阶段，那么拉新和裂变显然是最重要的。相对应地，我们可以参考拼多多的做法，在微信中通过分享获得福利，从而实现用户的拉新和裂变。如果是在平稳期，用户增长见顶，那么促活❶唤醒用户就更加重要了。当前，互联网人口红利已经消失，我们应该在留存和转化方面做更多的工作，去挖掘用户的深层需求。"

（7）你知道的视频类平台有哪些，它们有什么不同

参考答案：

"目前，B站、小红书、抖音等视频平台在用户数量上占据领先地位，但它们在热门内容赛道和视频时长规则上各有千秋。B站凭借其在长视频和中长视频领域的显著优势，尤其在二次元、科技科普和学习等领域汇聚了大量优质用户，学生群体更是占据了用户中的大比例。小红书则以短视频和中长视频为主，起初以女性种草平台而声名鹊起，美妆、生活、健身、

---

❶ 促活，指的是促进用户活跃地参与和互动，其目的是激发用户对产品或服务的兴趣，增加用户的使用频率、参与度和忠诚度。

购物分享等领域极为热门，女性用户占比较高，且白领群体相对集中，用户整体素质较高。抖音则主要聚焦于短视频和直播领域，近期也在积极布局中长视频内容，其海外版TikTok同样发展势头强劲，拥有庞大的用户基础，并覆盖了广泛的行业范围。此外，抖音的用户更多来自一二线城市，年轻群体占比较高。"

（8）你了解过抖音的算法吗

参考答案：

"抖音的一大特点，是其千人千面的推荐方式。在注册抖音时，根据用户填写的信息，包括他们关注的账号和浏览的内容，抖音算法会为每个用户打上个性化的标签。为了验证哪种类型的信息能够获得更大的流量，通常需要进行大约50条内容的实验。值得一提的是，抖音的推荐机制呈现出指数级增长的特点。发布的视频会根据流量池的推荐反馈，迅速获得算法的指数级推荐，因此随机翻红现象较为常见。算法的推荐并不完全依据时间顺序，之前发布的内容仍有可能被随机关注和推荐，从而形成小规模的爆款。算法的运作有时让人难以捉摸，唯一的办法是产出优质的内容。只有这样，才能真正得到算法的加持。而且只有创作优质内容，才能在抖音上获得更广泛的曝光和用户认可。"

（9）公司账号交给你，你打算怎么做出爆款

参考答案：

"①定位并找到一个适合自己的对标账号，分析他们的内容，挖掘其能够成为爆款的原因，然后找到账号之间的共同点，学习并复制他们的成功之处。

②结合行业筛选出热门话题，深入了解当下的行业热门话题，再结合对标账号的呈现形式进行汇总。寻找这些话题与账号之间的关联性，进一步在选题上进行深入的分析和总结，最后再有条理地阐述内容。

③熟悉平台机制并创造价值。作为运营者，应该深入理解这些机制，并且能够灵活地将它们运用到日常工作中。例如，需要了解平台上的违禁词、禁止的行为以及规则和限制等。只有创作出用户感兴趣的内容，用户才会点赞和收藏。当点赞和收藏的数量增多时，平台才会不断将内容推荐给更多的用户。此时，可以根据爆款的选题再次进行创作，制作出另一篇相似主题和框架的内容。"

（10）你知道的提高用户黏性的方法有哪些

参考答案：

"一般从以下五个维度来提高用户的黏性。

一是建立用户画像，深入了解用户的基础信息，包括姓

名、年龄、性别、所在城市、收入、受教育程度等，同时掌握用户的行为数据。

二是实施用户生命周期管理。将用户生命周期划分为引入期、成长期、成熟期、休眠期、流失期五个阶段，针对不同阶段的特点制定相应的管理策略。

三是进行用户分层。这是一种常见且有效的方法，通过对用户需求进行隔离分层，可以更精确地满足不同层次用户的需求。

四是建立会员体系。通过设立会员等级和权益，激励老用户保持活跃，同时鼓励新用户成长升级，享受更高层次的权益，从而提高用户的积极性和忠诚度。

五是加强社群运营。建立社群可以增强用户的参与感和归属感，让用户感受到自己是品牌或产品的一部分。同时，社群也是公司保护自己流量的重要方式。"

（11）公司账号给你，你怎么在一周内涨粉1000人以上

参考答案：

"涨粉主要有四种途径：内容增粉、活动增粉、付费增粉和线下增粉。最好的方法是制作优质内容并进行付费推广，通过多渠道推广增加曝光量。在搭建账号时，我们需要精准定位，完善基础信息，并根据涨粉目的制作相关内容。当粉丝量

达到一定基数后，通过策划活动实现裂变式涨粉，最终实现短期内涨粉 1000 的目标。"

（12）说说你最近关注的热点。

参考答案：

"近期美妆领域的热点是'某热门品牌的眉笔'，其之所以成为热点，是因为某大网红的直播"翻车"事件。

我对这个热点相关的账号都进行了调研，特别是针对这次事件热度最高的账号。他们是如何抓住热点、撰写内容的，有很多值得我们学习的地方。我认为，结合我们自身账号的定位，可以根据这个热点来确定选题和输出内容的时间。"

注意，回答这类问题时，一定要结合公司的账号或者自己的账号去分析热点，这样更加分。

（13）如果公司给你一个新账号，你打算怎么运营

参考答案：

"我会分析原有账号的文案排版风格，对发布的内容进行数据分析。我会记录数据表现好的文章，为以后的选题提供指导；数据不好的文章，我也会分析出问题所在。

我会结合后台数据分析、用户数据以及当前的数据情况，找到用户的痛点问题，并进行竞品分析。梳理对标账号的爆文，学习并借鉴其优点。

　　我会根据选题制作内容。我会结合以往的选题、竞品热点等方面来选题，选定能够吸引用户的内容，并制作一个概念方案。在与相关人员讨论后，具体敲定细节、文案内容、图片设计以及线上线下推广执行方法等。

　　我会根据发布后的数据进行复盘，结合公司的目标，优化调整运营策略。"

（14）你为什么要来我们公司做新媒体运营

参考答案：

　　"首先，从行业的角度来看，新媒体运营是当前比较热门的行业，许多传统行业也开始涉足。我认为，在自媒体中，新媒体的前景很好，是比较有潜力的职业之一。

　　再从企业的角度来看，根据我对贵司的了解，贵公司的核心产品、核心受众人群以及产品的卖点都非常契合市场。

　　从与新媒体息息相关的信息角度出发，再从岗位的角度来讲，我在某平台详细了解到了贵司招聘的岗位要求、工作内容等，我觉得与我的职业匹配度很高，非常符合我的职业生涯规划。另外，我也看到了贵司的使命和愿景，我非常赞同。我也对比了同行业各个公司的薪资待遇，贵公司的薪资待遇符合我的预期。贵公司完善的升职加薪体系以及额外福利补贴等也让我非常向往。

所以，综合以上要点，我选择来贵公司应聘新媒体运营。"

（15）你认为什么样的标题算是好标题

参考答案：

"点击率高的标题一般都能够引发用户情绪，与用户产生共鸣，令人感到好奇、震撼、有反差，产生疑问或觉得有趣等。但是，标题一定不能背离文章内容，也就是说，标题是对文章精髓的概括，不可夸大其词，更不能做标题党。

贴近用户的标题更受欢迎，用户更喜欢通俗易懂的词汇。

符合账号定位和调性的标题也很重要，不同标题应考虑平台调性以及受众人群。

因此，好的标题需要结合以上三点来综合评判。"

如果你正在准备应聘新媒体岗位，希望这些问题以及答案可以给你一些帮助。即使你应聘的不是新媒体行业，这些也可以给你一些灵感和启发。

最后，祝你面试顺利，offer 多多！